AUTOR

Ramón Palencia

EQUIPO EDITORIAL

Coordinación editorial: María Rosa de Diego
Maqueta: José Manuel Pedrosa
Dibujos: Gabriel Flores
Fotografías: Javier Calbet, Sonsoles Prada,
      EFE, J. M. Navia, Archivo SM,
      Luis Castelo, COVER, EUROPA
      PRESS, ORONOZ, SIPA-PRESS
Cubierta: Equipo de diseño de Ediciones SM
Dirección editorial: Pilar Martín-Laborda

El autor agradece la colaboración prestada a:
D. Alider Cragnolini, doña María Guadalupe
Paredes y don Rafael Correa.

Atención de pedidos:

Para el extranjero:

EDICIONES SM - Joaquín Turina, 39 - 28044 Madrid (España)
Teléfono 91-422 88 00 - Fax 91-508 99 27

Para España:

BAYARD REVISTAS JÓVENES
Alcalá, 261-265 - Edificio 4-1.º - 28027 Madrid
Teléfono 91-405 70 33 - Fax 91-405 12 94

CESMA, SA - Aguacate, 43 - 28044 Madrid (España)
Teléfono 91-508 86 41 - Fax 91-508 72 12

ISBN: 84-348-3596-7
Depósito legal: M- 5.302-2004
Preimpresión: Grafilia, SL
Huertas Industrias Gráficas, SA
Impreso en España - Printed in Spain

A LA ESCUCHA

Materiales para el desarrollo de la destreza de comprensión oral en español como lengua extranjera

RAMÓN PALENCIA

ÍNDICE

INTRODUCCIÓN PARA PROFESORES

A la escucha está dirigido a estudiantes de nivel preintermedio o intermedio que lleven estudiando español entre uno y dos años en sus países de origen. La parte central del libro la componen las grabaciones de diversos tipos de monólogos y diálogos hablados por hispanoparlantes. El objetivo es proporcionar a estudiantes con pocas oportunidades de oír español real unos materiales que les ayuden a familiarizarse con esta lengua.

En las grabaciones predominan los acentos de tipo estándar, si bien se han incluido algunas con acentos regionales españoles y latinoamericanos. Se ha procurado también dejar fuera todo elemento distorsionador que pudiera impedir la comprensión del mensaje. Es cierto que en una situación real pueden darse una serie de circunstancias, tales como ruidos ambientales, que dificultan la transmisión del mensaje; pero también es cierto que en tal caso podemos esperar a que se produzca una coyuntura más favorable y pedir a nuestro interlocutor que repita. Con una grabación se puede rebobinar la cinta, pero con ello sólo se consigue volver a escuchar la misma grabación con los mismos elementos distorsionadores.

El enfoque seguido para el uso de los materiales en el aula se basa en la idea de enseñanza como opuesta a evaluación. Si a un grupo de estudiantes se les hace escuchar una grabación y a continuación se les hace unas preguntas sobre la misma, se está en realidad comprobando quién ha entendido; es decir, es una situación de evaluación en la que no se hace nada para ayudar precisamente a aquellos estudiantes que no han comprendido.

El enfoque seguido en *A la escucha* refleja el aspecto de enseñanza en un doble sentido. Antes de la audición, mediante actividades de preparación que intentan proporcionar al alumno o activar en él los elementos necesarios para la comprensión del mensaje. Durante la audición, dándole alguna tarea con el doble fin de mantenerlo mentalmente activo —evitar que «desconecte», que deje de escuchar— y hacer que ponga en práctica sus estrategias naturales de comprensión oral, aplicándolas a la comprensión de la lengua española.

Finalmente, tras la realización de las tareas sugeridas nos parece importante que los alumnos escuchen las grabaciones al tiempo que siguen las transcripciones, y que el profesor les ayude a aclarar el significado de elementos desconocidos para ellos. El objetivo es que el alumno pueda escuchar la grabación en casa para familiarizarse con el sonido del español, con pleno conocimiento de aquello que está escuchando.

Como ayuda para el uso del material en clase, las Notas para el profesor *(ver página 73)* contienen sugerencias de actividades para la práctica de otras destrezas que pueden realizarse a partir de algunas de las grabaciones y que pueden tener éstas como modelos lingüísticos.

Ramón Palencia

INTRODUCCIÓN PARA AUTODIDACTOS

A la escucha es un conjunto de materiales para la práctica de la comprensión oral en español. El libro está dirigido a estudiantes de español de nivel preintermedio-intermedio que no tengan muchas oportunidades de escuchar español auténtico y puede usarse por el estudiante de manera autónoma, sin ayuda de un profesor. Si está usted en esta situación, le rogamos que lea esta introducción.

Aunque el nivel de dificultad de las grabaciones varía, todas ellas deberían ofrecerle cierta dificultad. Si es usted capaz de entender todas las grabaciones sin problemas, este libro no es para usted. Es, pues, un libro para «aprender», no para quienes ya saben, aunque también a éstos les puede resultar útil la práctica que pueden conseguir a través del presente material.

Los materiales grabados, monólogos y diálogos, van acompañados de diversos ejercicios. Las siguientes recomendaciones pueden serle útiles para un mejor uso de los materiales:

— *Siga las actividades propuestas. Su objetivo es facilitarle la tarea de comprensión. Las actividades previas a la audición tienen como objetivo activar en usted o proporcionarle una serie de elementos necesarios para la comprensión del mensaje.*

Las actividades propuestas para la audición tienen un doble objetivo: hacer que se mantenga activo durante la escucha y que ponga en práctica sus estrategias naturales de comprensión oral, aplicándolas a la comprensión de la lengua española.

— *Limítese en un principio a la comprensión del objetivo propuesto, ya que en muchos casos una comprensión total del mensaje no es posible a este nivel. Sin embargo, si es usted capaz de realizar la actividad propuesta, puede decir que la comunicación ha tenido éxito.*

— *Recuerde que comprender una grabación es más difícil que comprender a una persona frente a frente. No dude, pues, en parar la cinta y volver atrás cuantas veces sea necesario.*

— *Una vez realizadas todas las actividades, vuelva a escuchar la grabación al tiempo que lee la transcripción. Intente resolver las dudas. Posteriormente, aproveche ratos libres para volver a escuchar las grabaciones ya vistas; notará cómo el sonido del español le es cada vez más familiar.*

UNIDAD 1. *INTRODUCCIÓN*

En esta Unidad de Introducción intentamos sugerirle algunas estrategias que le pueden ser útiles a la hora de hacer frente a las grabaciones, que le permitirán ser más eficaz en la comprensión de mensajes orales y progresar con más rapidez en el desarrollo de esta destreza en lengua española. Las sugerencias van acompañadas de ejercicios prácticos.

1. Lea la siguiente noticia publicada en un periódico español. ¿A qué actividad se refiere? ¿Qué palabra o palabras claves le sirven para deducirlo?

> El soviético Arthur Youssoupov, de 29 años y ex campeón mundial juvenil en 1977, se clasificó por segunda vez para las semifinales del torneo de candidatos al título al ganar al canadiense Kevin Spragget la novena partida de cuartos de final, en Quebec (Canadá). — **AFP**
>
> EL PAÍS, 6-2-1989

Muchas veces, comprender mensajes orales o escritos es como descifrar una adivinanza: a partir de ciertas palabras claves que entendemos podemos llegar a deducir con gran seguridad lo esencial del mensaje; no importa que haya muchas otras palabras que no entendamos.

2. **G1** Observe las siguientes ilustraciones correspondientes a diferentes actividades.

Una estrategia útil consiste en, antes de escuchar la grabación, activar el vocabulario relacionado con la situación correspondiente. En este caso, por ejemplo, «balón» y «disparo» son palabras que guardan relación con la primera ilustración; «freír» y «sartén» están relacionadas con la situación mostrada en la segunda ilustración.

i) Elabore una lista de palabras relacionadas con las actividades de las ilustraciones. Lógicamente, pensará en muchas palabras que no conozca en español; en ese caso, consulte un diccionario. Todo esto le facilitará posteriormente la comprensión global del mensaje oral.

ii) Escuche las cinco grabaciones seguidas y empareje cada una con la ilustración correspondiente. (La solución está en la página 107.) Cuando acabe, vuelva a escuchar las grabaciones y anote las palabras claves que le han ayudado. ¿Le fue útil el ejercicio anterior de preparación?

1. _____   2. _____   3. _____

4. _____   5. _____

iii) Una vez realizadas las actividades sugeridas, resulta muy útil volver a escuchar la grabación al tiempo que lee la transcripción. Al final del libro, en las páginas 79-103 se incluyen todas las transcripciones. Busque la correspondiente (G1 en este caso), anote e intente aclarar aquello que le parece importante. Finalmente, escuche la grabación sin leer la transcripción. ¿Le suena ahora todo más? No deje de escuchar las grabaciones pasadas de vez en cuando. Notará cómo todo le resulta progresivamente más familiar. Esto le servirá de estímulo para seguir profundizando en el desarrollo de esta destreza oral.

La comprensión de un mensaje depende también en alto grado del conocimiento que se tenga del tema. Si el tema nos es desconocido, nos resultará muy difícil seguir el mensaje en la lengua extranjera.

3. **G2** En la siguiente grabación va a escuchar a un grupo de amigos jugando a las adivinanzas de personajes famosos. Por turnos, los amigos van a describir a tres de los personajes de las ilustraciones. ¿Es capaz de adivinar el nombre de los personajes descritos? Recuerde que en este caso la actividad le resultará más o menos fácil según sea el conocimiento que usted tenga de estos personajes. Si no sabe mucho de ellos intente encontrar información mirando en una enciclopedia, preguntando a amigos, al profesor, etc.

i) Escuche de manera relajada y empareje cada una de las descripciones con la fotografía correspondiente.

FEDERICO GARCÍA LORCA

JUAN CARLOS I

JOSÉ CARRERAS

SALVADOR DALÍ

MARIO MORENO «CANTINFLAS»

PABLO NERUDA

MONTSERRAT CABALLÉ

GABRIEL GARCÍA MÁRQUEZ

NURIA ESPERT

1. _____   2. _____   3. _____

4. **G3** El grupo de amigos decide cambiar la forma de realizar el juego. Ahora, el jugador que piensa en el personaje famoso sólo puede responder «sí» o «no» a las preguntas de los otros. Una estrategia útil para esta clase de actividades consiste en pensar en el tipo de preguntas que haría usted y preparar una lista de preguntas en español:

¿Es hombre/mujer?
¿Vive aún?
¿Es español/a?
...

De nuevo, durante la preparación pueden surgirle palabras o preguntas que no sepa cómo decir en español. Busque en un diccionario las palabras que no conozca aún, e intente resolver las dudas sobre las preguntas en su libro de texto.

i)   Escuche y tome notas (en español o en su lengua materna) en cualquiera de las dos columnas (Sí y No). Escuche la grabación las veces que sean necesarias antes de escribir el nombre de cada personaje —recuerde que en la vida real se puede pedir a nuestro interlocutor que hable más despacio y que repita.

En total, adivinan el nombre de dos personajes diferentes de los que aparecen en las fotografías de la página 13.

Sí	No
	no vive

1. _____   2. _____

UNIDAD 2. *INFORMACIÓN PERSONAL*

1. Lea el documento nacional de identidad y busque la siguiente información:

Nombre - Apellidos - Nombre del padre - Nombre de la madre - Lugar de nacimiento - Fecha de nacimiento - Ocupación - Estado civil - Dirección

2. **G4** Escuche ahora una conversación en la que un funcionario está ayudando a una señora mayor a rellenar el siguiente impreso. Rellénelo con la información dada.

Apellido 1.°
Apellido 2.°
Nombre
Núm. Documento

MUJER

FICHA-DECLARACION

FOTO

IMPRESION DIGITAL

RENOVACION DEL DOCUMENTO, expedido el ....
.... por el Equipo núm. ....

DECLARA: Haber nacido el .... de .... de 1 ....
en .... prov. ....
Hija de .... y de ....
domiciliado en ....
calle .... n.° ....
.... de .... de 19 ....

Firma de la interesada,

Categoría ....
Equipo n.° ....
Reg. n.° ....

Total cobrado
.... ptas.

ESTA TARJETA SE PRESENTARA SIN DOBLAR

RESGUARDO

MINISTERIO DEL INTERIOR
DIRECCION GENERAL DE LA POLICIA
COMISARIA GENERAL DE DOCUMENTACION
D. N. I.

Categoría ....
Equipo n.° ....
Reg. n.° ....

Abonado { Por documento .... ptas.
{ Por sanción .... ptas.

El Documento n.° .... renovado con esta fecha,
corresponde a Doña ....
de .... de 19 ....
El Jefe del Equipo,

¿Qué información le ha resultado más difícil? ¿Apellidos, lugar de nacimiento, dirección? Los nombres de personas y lugares suelen presentar dificultades en una lengua extranjera. Lea la transcripción de la grabacion número 4 (pág. 80) al tiempo que escucha la grabación.

3. **G5** Escuche el comienzo de un programa-concurso de televisión en el que cuatro concursantes se presentan y rellene el cuadro con la información pedida. Mire antes el mapa donde encontrará los nombres de los lugares que se mencionan.

	1	2	3	4
Nombre:				
Natural de:				
Residente en:				
Estado civil:				
Hijos:				
Ocupación:				

DESCRIPCIÓN FÍSICA

4. **i)** Las palabras del recuadro sirven para describir físicamente a personas. Clasifíquelas en la columna correspondiente. Utilice el diccionario para las palabras que no conozca y para añadir otras.

largo	*bigote*	*grandes*	*aguileña*	*rizado*	*barba*	*blanco*
alto	*chata*	*cola de caballo*		*corto*	*rubio*	*bajo*
esbelto	*moreno*	*verdes*	*liso*	*azules*	*calvo*	*fuerte*
delgado	*castaños*	*castaño*	*gordo*	*corpulento*		*lunar*

pelo	**ojos**	**nariz**	**estatura**	**constitución**	**otros rasgos**

ii) Mire las ilustraciones. ¿A qué rasgo corresponde cada una?

a   b   c   d   e   f   g   h   i

5. **G6** Escuche seis fragmentos de conversaciones e identifique las palabras relacionadas con rasgos físicos.

1. _____   4. _____
2. _____   5. _____
3. _____   6. _____

6. **i)** Otro aspecto importante de las descripciones es la ropa. ¿Sabe el significado de las prendas del recuadro? Utilice un diccionario si hace falta y organícelas en prendas de hombre, de mujer o unisex. Añada más prendas.

Hombre	Unisex	Mujer

blusa	camisa
traje	chaqueta
traje	vestido
falda	corbata
pantalones	jersey
chaqueta	playeras
vaqueros	camiseta
zapatos de tacón	
bolso	cazadora
zapatillas deportivas	

ii) **G7** Escuche unas descripciones de personas desaparecidas. Tome notas.

	Alberto Ruiz	Aurora Blázquez	Silvia Rincón
Características físicas			
Ropa			

17

iii) Observe estas ilustraciones. ¿Reconoce a alguna de las personas desaparecidas?

7. **G8** Observe las siguientes ilustraciones y escuche las grabaciones. ¿De quién están hablando en cada conversación?

1. _____   2. _____
3. _____   4. _____

UNIDAD 3. *NÚMEROS*

Decir o entender números puede resultar bastante complicado en español. En esta unidad tendrá oportunidad de practicar la comprensión oral de números y otras expresiones de cantidad para dar información diversa.

1. i) ¿Cómo diría lo siguiente en español? Pruebe a hacerlo antes de escuchar la grabación.

    Números de teléfono (dos formas): 447 50 33, 527 68 05
    Precios: 847 pts., 1.799 pts., $1.565.000
    Años: 1492, 2001
    Fechas: 28-10-1997, 2-1-1836
    Horas (dos formas): 10.15, 4.30, 9.50
    Pesos: 1/4 kg., 100 g., 1,5 kg.
    Porcentajes: 20%, 43,5%
    Nombres: Isabel II, Juan Carlos I, Carlos V, Luis XIV

    ii) **G9** Ahora escuche a un hablante español.

    ¿Qué diferencias hay respecto a la manera en que se dicen esos números en su lengua materna?

    Si tiene mucha dificultad con los números en español, le recomendamos que los repase antes de seguir adelante con esta unidad.

TELÉFONOS

2. **G10** Va a escuchar unas conversaciones en las que seis personas quieren comprobar el número de teléfono de algunos locales o amigos. Corríjalos si están equivocados.

    Lea antes las direcciones y pruebe a decir los números de teléfono de las dos maneras en que se acostumbra a decirlos en España.

    1. Restaurante La Rosita. Libertad, 84. Tel. 576 43 21
    2. Alfredo Blanch. Balmes, 57. Tel. 435 67 89
    3. Hotel Granada. Plaza del Cristo, 3. Tel. 693 86 75
    4. Renfe. Información. Tel. 429 02 00

LA HORA

3. **i)** Observe los siguientes relojes. ¿Sabe cómo se dicen las horas que indica cada uno?

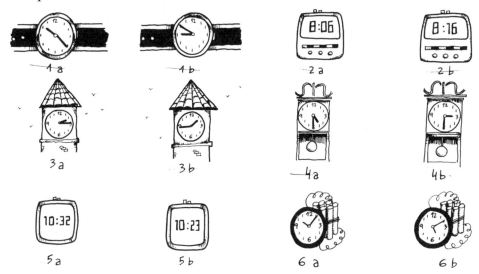

ii) **G11** Escuche las seis conversaciones y señale la hora correspondiente:

1. _____   4. _____
2. _____   5. _____
3. _____   6. _____

4. **G12** Escuche ahora cuatro conversaciones telefónicas en las que cuatro personas piden información sobre horarios.

    i) Identifique las conversaciones en la primera audición.

    ii) Vuelva a escuchar la grabación y anote la información de horarios correspondiente.

Sale: _____   Abre: _____

Llega: _____   Cierra: _____

Comienza: _____   Abre: _____

Acaba: _____   Cierra: _____

PRECIOS

5. **G13** Los precios resultan a veces muy difíciles de entender, sobre todo cuando son cantidades altas. Escuche seis fragmentos de conversaciones y señale la cantidad que oiga en cada uno:

1.	**a.** 1.315	**3.**	**a.** 15.900	**5.**	**a.** 154.300
	b. 1.305		**b.** 15.109		**b.** 514.300

2.	**a.** 270.000	**4.**	**a.** 2.360.700	**6.**	**a.** 32.700.000
	b. 260.000		**b.** 2.370.000		**b.** 32.100.700

6. **G14** Ahora va a escuchar otras cuatro conversaciones en las que se menciona el precio de algo. Escuche la grabación las veces que sean necesarias y escriba la cantidad correspondiente debajo de cada ilustración:

1. _____   2. _____

3. _____   4. _____

7. **i)** Lea la siguiente información sobre España. ¿Es usted capaz de decir todas las cifras?

ESPAÑA (Reino de España)

Superficie: 504.782 km²
Población: 38.220.000 habitantes
Crecimiento demográfico: 1%
Esperanza de vida al nacer: Hombres, 70 años; mujeres, 76 años
Índice de alfabetización: 97%
Capital y población: Madrid, 3.200.234 habitantes.
Otras ciudades importantes y población: Barcelona, 1.755.000 hab.; Sevilla, 654.000 hab.; Zaragoza, 600.000 hab.
Idioma: Español, catalán, vascuence, gallego
Religión: Católica
Moneda: Peseta = 100 céntimos

ii) **G15** Escuche a una profesora española dando la información anterior a sus alumnos. Siga la información en el texto.

iii) **G16** Ahora puede escuchar a la misma profesora dando información sobre Cuba. ¿Se atreve a completar las cifras? Escuche la grabación las veces que sea necesario.

CUBA (República de Cuba)

Superficie: _____ km²
Población: _____ habitantes
Crecimiento demográfico: _____
Esperanza de vida al nacer: Hombres, _____ años; mujeres, _____ años
Índice de alfabetización: _____
Capital y población: La Habana, _____ habitantes
Otras ciudades importantes y población: Santiago de Cuba, _____ habitantes; Camagüey, _____ habitantes
Idioma: Español
Religión: Católica
Moneda: Peso cubano = _____ centavos

UNIDAD 4. *TIEMPO LIBRE*

1. Entre las actividades más comunes para el tiempo libre se encuentran los deportes. ¿Qué nombres de deportes conoce en español?

    i)   Empareje las ilustraciones con el deporte correspondiente:

    a.   Natación
    b.   Esgrima
    c.   Fútbol
    d.   Balonmano
    e.   Tenis
    f.   Kárate
    g.   Boxeo
    h.   Salto de altura

    ii) Amplíe la lista de deportes. Utilice el diccionario.

2. i)   ¿Con qué deportes asocia las siguientes palabras?

Portería	Raqueta	Mariposa	Puntos
Guantes	Red	Asalto	Muerte súbita
Directo	Listón	Braza	Abandono
Servicio	Combate	Florete	
Volea	Cinturón negro	Penalti	

    ii) **G17** Va a escuchar cuatro conversaciones de amigos hablando sobre algunos deportes de los representados en el ejercicio 1. ¿De qué deportes hablan?

    1. _____   2. _____   3. _____   4. _____

3. Lea los siguientes anuncios. ¿A qué espectáculo o actividad de recreo se refieren? ¿Sabe la palabra en español?

4. **G18** Una empresa está haciendo un estudio sobre cómo se divierten los españoles fuera de casa. Va a oír a una encuestadora preguntando a dos personas.

i) Escuche las entrevistas y anote únicamente las actividades mencionadas.

ii) Vuelva a escuchar ahora la primera entrevista e intente entender con qué frecuencia realiza cada actividad. Si tiene problemas para entender la información pedida, lea y estudie el guión de la primera entrevista en la página 84. Fíjese en las expresiones de frecuencia. A continuación escuche la otra entrevista.

	1	2
Cine		
Teatro		
Conciertos		
Exposiciones		
Restaurantes		
Espectáculos deportivos		
Viajes		
Otros		

5. **G19** Escuche a unos amigos decidiendo qué hacer el sábado por la noche. Anote las propuestas que hacen, indique si se aceptan o se rechazan, y en este último caso diga por qué.

Antes de escuchar la grabación, asegúrese de que conoce el significado de las siguientes palabras y expresiones:

ración *subtítulos*
caña (bebida) *retrato*
versión original *mover el esqueleto*

Propuesta	¿Aceptada o rechazada?	Razón

6. **G20** Observe bien las series de ilustraciones A y B. Algunas de las ilustraciones corresponden a un fin de semana de la familia Serrano. Escuche y seleccione las ilustraciones correspondientes.

Las ilustraciones correspondientes a la narración son:

_____ _____ _____ _____ _____ _____ _____ _____

25

UNIDAD 5. *ESPAÑA Y AMÉRICA*

El español, la lengua de Cervantes, es un idioma en alza. ¿Sabe cuántas personas hablan el español como lengua materna? Más de 300 millones. Y la mayoría lo hacen en América, donde es la lengua oficial de 19 países.

1. ¿Conoce los países americanos de habla española? Escriba el nombre de cada país en el lugar correspondiente:

Argentina	*Bolivia*	*Colombia*	*Costa Rica*	*Cuba*
Chile	*Ecuador*	*El Salvador*	*Guatemala*	*Honduras*
México	*Nicaragua*	*Panamá*	*Paraguay*	*Perú*
Puerto Rico	*República Dominicana*		*Uruguay*	*Venezuela*

1. _____

2. _____

3. _____

4. _____

5. _____

6. _____

7. _____

8. _____

9. _____

10. _____

11. _____

12. _____

13. _____

14. _____

15. _____

16. _____

17. _____

18. _____

19. _____

2. **G21** Escuche una conversación en la que uno de los hablantes indica qué países ha visitado. Márquelos con una cruz.

3. Las diferencias principales entre el español de España y el de Latinoamérica son de léxico. A veces resulta fácil deducir el significado de una palabra; otras no tanto, aunque si se encuentra la palabra en contexto se reducen las dificultades de comprensión.

    i) Haga el siguiente *test*. Comprobará que en algunos casos el contexto es una gran ayuda.

       1. «Llevaba una blusa blanca y una preciosa **pollera** colorada.» (Colombia)

          a. Falda.
          b. Gallina.
          c. Bolso.

       2. «¡Qué **güera** más simpática!» (México)

          a. Extranjera.
          b. Rubia.
          c. Gorda.

       3. «¿Le hace un **tinto**?» (Colombia)

          a. Un vaso de vino.
          b. Una taza de café.
          c. Un refresco de cola.

       4. «En este restaurán preparan muy bien el **chancho** asado.» (Perú)

          a. Pollo.
          b. Cerdo.
          c. Cordero.

       5. «Quiero unas **papas** fritas.»

          a. Papaya.
          b. Tomates.
          c. Patatas.

       6. «Vayan a La Llamita. Es un restaurán muy **acomodado**.» (Perú)

          a. Caro.
          b. Cómodo.
          c. Barato.

7. «Para ya de beber, Tomás. ¡Estás bien **curado**!» (Chile)

    a. Resfriado.
    b. Cansado.
    c. Borracho.

8. «¿Qué dice este **gringo**? No le entiendo nada.» (México)

    a. Español.
    b. Extranjero de habla no española.
    c. Latino.

9. «Te llevo en mi **carro**.»

    a. Carro de caballos.
    b. Coche.
    c. Motocicleta.

10. «Quítese el **saco**. Estará más fresco.»

    a. Sombrero.
    b. Camisa.
    c. Chaqueta.

ii)   **G22** Compruebe sus respuestas escuchando a unos amigos comentar las peculiaridades del léxico.

4. Otra de las diferencias entre el español de España y el de Latinoamérica es el acento, aunque por supuesto esas diferencias existen también en España. Por ejemplo, el acento de un canario y el de un venezolano son más parecidos que el de un canario y un gallego.

G23 En la grabación va a oír a varias personas españolas y latinoamericanas describiendo un día normal. Sus lugares de origen son:

1. Las Islas Canarias
2. Galicia
3. Madrid
4. Argentina
5. México
6. Colombia

i) Escuche las grabaciones. ¿Se da cuenta de la diferencia de acentos? ¿Cuál le resulta más fácil de entender o más agradable al oído?

ii) Vuelva a escuchar las grabaciones. Preste atención a los aspectos siguientes y anote lo que comprenda:

Hora de levantarse	Desayuno	Ocupa-ción	Medio de transporte	Tiempo libre

iii) Algunas palabras de las grabaciones serán seguramente nuevas para usted. Sin embargo, si escucha atentamente podrá deducir a cuál de las categorías del cuadro anterior pertenecen. Como ayuda, aquí tiene revueltas las palabras correspondientes a Desayuno, Ocupación y Transporte. Vuelva a escuchar las grabaciones y organícelas en categorías.

manteca   subte   bancario   maestra   guagua   carro

buseta   dependienta   colectivo   media luna   auto

iv) Lea la transcripción en la página 86 al tiempo que escucha la grabación. Anote e intente aclarar todo aquello que le parezca importante. Finalmente escuche la grabación unas cuantas veces hasta que le resulte familiar.

5. **G24** Va a escuchar a dos amigos, un argentino y un español, comparando diversos aspectos de sus respectivos países.

i) Preste atención al contenido general del diálogo. Coloque los siguientes temas en el orden en que los tratan en la conversación:

a. Lengua   1. _____
b. Clima   2. _____
c. Costumbres   3. _____
d. Gente   4. _____
e. Comida   5. _____

ii) Preste atención a puntos concretos de cada tema. ¿Qué diferencias principales mencionan en cada uno? Las siguientes palabras pueden serle útiles. Compruebe su significado en un diccionario si no las conoce.

hemisferio   Navidad   cotillón   turrón   pavo   besugo

UNIDAD 6. *DE VIAJE*

1. **i)** Observe los diferentes paneles de información sobre vuelos y trenes. ¿Entiende la información? Responda a las siguientes preguntas:

1. ¿A qué hora sale el talgo pendular a Gijón?
2. ¿A qué hora llega el Intercity de Zaragoza?
3. ¿De qué andén sale el rápido a Cádiz y Málaga?
4. ¿A qué andén llega el Puerta del Sol?
5. ¿Cuál es la puerta de embarque para el vuelo de TWA 564 a Nueva York?
6. ¿Hay algún vuelo con retraso?

SALIDAS

	tren	destino	salida	vía
(a)	Intercity	ZARAGOZA	9.50	15
(b)	Rápido	CÁDIZ-MÁLAGA	10.00	7
(c)	Talgo pendular	GIJÓN	10.35	6
(d)	Talgo	BARCELONA	12.00	11
(e)	Talgo	LISBOA	13.50	3

LLEGADAS

	tren	procedencia	llegada	vía
(f)	Intercity	ZARAGOZA	9.40	5
(g)	Puerta del Sol	PARÍS	9.50	11
(h)	Intercity	PALENCIA	10.05	21
(i)	Talgo	BARCELONA	10.35	15
(j)	Rápido	CÁDIZ-MÁLAGA	11.10	7

SALIDAS

	vuelo	destino	hora	puerta
(k)	IBERIA 435	LONDRES	16.15	27
(l)	LUFTHANSA 645	FRANKFURT	17.05	15
(m)	TWA 564	NUEVA YORK	17.20	18
(n)	AEROMÉXICO 890	MÉXICO	17.40	16
(o)	IBERIA 768	RÍO/LIMA	18.10	25

LLEGADAS

(p)	AIRFRANCE 876	PARÍS	16.10
(q)	IBERIA 764	CARACAS	Retraso/Delayed
(r)	AVIACO 475	ROMA	16.45
(s)	BRITISH AIRWAYS 231	LONDRES	17.00
(t)	VARIG 903	RÍO	17.20

ii) G25 Escuche los siguientes anuncios de megafonía. Señale, con el número de referencia, a qué tren o vuelo se refieren:

1. _____   4. _____
2. _____   5. _____
3. _____   6. _____

2. Observe el mapa de Europa. ¿Conoce el nombre en español de los países señalados? Cópielos en el lugar correspondiente.

Alemania	*Austria*	*Bélgica*	*Checoslovaquia*	*Dinamarca*
Escocia	*España*	*Francia*	*Gales* *Holanda*	*Hungría*
Inglaterra	*Irlanda*	*Italia*	*Luxemburgo*	*Portugal*
Suiza	*Yugoslavia*			

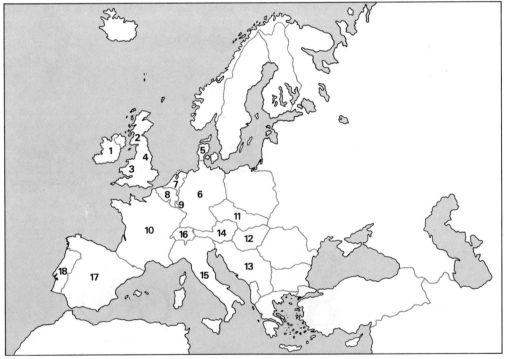

1. _____   7. _____   13. _____

2. _____   8. _____   14. _____

3. _____   9. _____   15. _____

4. _____   10. _____   16. _____

5. _____   11. _____   17. _____

6. _____   12. _____   18. _____

3. **G26** ·Va a oír a dos mexicanos hablando con un amigo español sobre su viaje por Europa. Anote la siguiente información:

- ¿Qué países han visitado?
- ¿Qué opiniones expresan sobre cada uno?

3. Medios de transporte.

i) Escriba la palabra junto a la ilustración correspondiente:

tren   *coche*   *bicicleta*

avión   *auto-stop*

barco   *autocar*   *moto*

_____   _____   _____

_____   _____   _____

_____   _____

4. **G27** Escuche al grupo de amigos anterior. El español va a relatar su viaje por Sudamérica. Observe el mapa adjunto. Complete la información pedida en el cuadro. Le sugerimos que escuche la grabación al menos dos veces, concentrándose en cada ocasión en un aspecto diferente:

i) Itinerario y medio de transporte

ii) Anécdotas

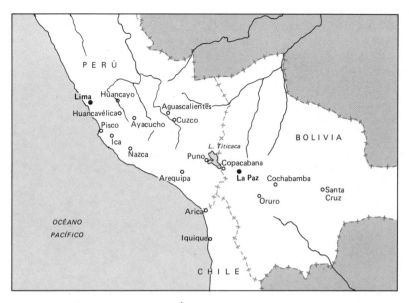

Itinerario	Transporte	Anécdota
De Lima a Huancayo		

ESPAÑA

5. **i)** ¿Conoce España? Si cree que sí, responda a estas preguntas antes de mirar el mapa y luego compruébelas. En caso contrario, busque la información en el mapa de la página siguiente.

1. ¿Dónde está Cantabria, en el sur o en el norte?
2. ¿Cuántas provincias forman Castilla-La Mancha?
3. ¿En qué comunidad autónoma está Barcelona?
4. ¿Cuál es la capital del Principado de Asturias?
5. ¿Dónde están las Islas Baleares, en el Mediterráneo o en el Atlántico?
6. ¿Qué comunidades autónomas tienen frontera con Francia?
7. ¿A qué comunidad autónoma pertenece Segovia?
8. ¿Cuál es la capital de Andalucía?
9. ¿De qué comunidad es capital Logroño?
10. ¿Cómo se llaman las dos provincias de Extremadura?

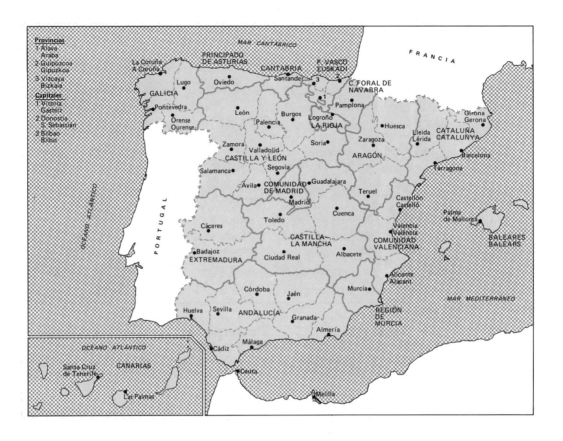

ii) **G28** Escuche a dos turistas latinoamericanos siendo entrevistados a la puerta del Museo del Prado. Complete la información del cuadro:

	1	2
Nacionalidad:		
Razón de visita a España:		
Duración de estancia:		
Opinión sobre Madrid:		
Otros sitios visitados:		
Otros sitios por visitar:		
¿Qué le ha gustado más de España?		
¿Qué le ha gustado menos?		

UNIDAD 7.   *RECUERDOS*

1. Nuestra historia más reciente está llena de fechas en las que algún acontecimiento destacado tuvo un gran impacto sobre muchos miles de personas. ¿Recuerda usted cuándo tuvieron lugar los siguientes acontecimientos? Emparéjelos con el año correspondiente.

    1. Guerra de Las Malvinas entre Gran Bretaña y Argentina.   a. 1991
    2. Final de la guerra irano-iraquí.   b. 1990
    3. Celebración de los Juegos Olímpicos en Los Ángeles sin la participación de los países socialistas.   c. 1988
    4. Ingreso de España y Portugal en la Comunidad Económica Europea.   d. 1986
    5. Caída del muro de Berlín y unificación de las dos Alemanias.   e. 1985
    6. Guerra del Golfo entre Irak y una coalición internacional.   f. 1984
    7. Llegada de Gorbachov al poder en la URSS e inicio de la «perestroika».   g. 1982

2. **G29** Determinados años tienen también una importancia especial en nuestras vidas privadas; resultan vitales. Escuche a un grupo de amigos jugando a «Años vitales». Uno de ellos, Alfonso, da tres años; los otros tienen que intentar averiguar por qué son vitales.

    i) ¿Qué importancia tuvieron estos años en la vida de Alfonso?

    1940   1965   1984

3. **G30** Escuche a tres personas recordando situaciones pasadas algo embarazosas.

    i) Empareje cada conversación con la ilustración correspondiente.

4. **G31** Va a oír una conversación entre dos amigos, Marisa y Rafa, recordando unas vacaciones juntos. Parecen tener recuerdos diferentes.

    i) Observe las ilustraciones, escuche la grabación, y señale a cuál de las versiones de los dos amigos corresponde cada ilustración. (Utilice M para Marisa y R para Rafa.)

1a _____ 1b _____

2a _____ 2b _____

3a _____ 3b _____

4a _____ 4b _____

    ii) **G32** Escuche la versión de un tercer amigo, Juan, y señale la versión correcta.

5. **G33** Va a escuchar las preguntas de un concurso radiofónico sobre historia mundial, «¿Sabe usted...?».

i) Antes de escuchar las preguntas estudie las alternativas de respuestas e intente formular el comienzo de cada pregunta. Por ejemplo:

1. a. 1939 «*¿En qué año ...?*»
b. Septiembre «*¿En qué mes ...?*»
c. Alemania «*¿Qué país ...?*»

ii) Escuche la grabación y señale la respuesta correcta a cada pregunta.

1. a. 1939   b. Septiembre   c. Alemania
2. a. Colón   b. América   c. Pinta, Niña, Santa María
3. a. 1991   b. Irak   c. Por la invasión de Kuwait
4. a. En Dallas   b. John F. Kennedy   c. 1963
5. a. Enola Gay   b. La bomba atómica   c. 6 de agosto de 1945
6. a. Enero   b. Japón   c. 1931
7. a. 1945   b. El Presidente Kohl   c. Alemania
8. a. Portugal   b. El ejército   c. Marcelo Caetano
9. a. 1986   b. 12 países   c. Comunidad Económica Europea
10. a. 17   b. Cataluña   c. Madrid

UNIDAD 8.   *INSTRUCCIONES*

En esta unidad va a practicar la comprensión de textos orales relacionados con diversos tipos de instrucciones: para hacer una comida, para manejar una máquina, para llegar a algún punto, consejos, etcétera.

1.   Los siguientes textos se refieren a diversos tipos de instrucciones.

   i)   ¿Puede emparejar cada texto con el tipo de instrucción?

   1.   Prohibición   _____
   2.   Receta   _____
   3.   Direcciones   _____
   4.   Instrucciones de uso   _____
   5.   Consejos   _____

a

> Ponga el chocolate troceado con el ron y el café en una fuente honda. Coloque dicha fuente sobre una cazuela de agua muy caliente y déjela...

b

Tiene que bajar por la calle de Alcalá hasta Cibeles. Luego tire a la derecha, y está a unos cien metros, a su izquierda.

c

Utilice el transporte público

Deje el coche en casa y haga uso del transporte colectivo.
La dimensión del ahorro es enorme, porque un autobús con 60 personas consume lo mismo que 3 coches sólo con el conductor.

d

Primero aprietas EJECT y metes la casete. Te tienes que asegurar de que la has metido en el lado correcto. Luego aprietas REC y PLAY al mismo tiempo, y ya puedes grabar.

e

NO FUMAR

ii) Observe que la mayoría de los verbos de los textos van en un tiempo determinado, el imperativo: *Ponga, coloque, consigue, reúne, envíalos.* ¿Recuerda las segundas personas, singular y plural, de cortesía y familiar, del imperativo de los siguientes verbos?

	Singular		Plural	
	Tú	Usted	Vosotros	Ustedes
Coger				
Poner				
Ir				
Torcer				
Cortar				

Si no recuerda muy bien el imperativo, es conveniente que lo repase.

iii) Cuando se habla, se utilizan también otros tiempos para dar instrucciones. ¿Qué otras formas de dar instrucciones recuerda? Lea los textos del ejercicio 1.

2. **G34** Va a oír varios fragmentos de conversaciones en los que se dan instrucciones de diversos tipos.

i) Intente emparejar las grabaciones con las ilustraciones correspondientes. Piense primero en el tipo de vocabulario propio de cada situación.

a.

b.

c.

d.

e.

f.

ii) Lea la transcripción de las grabaciones en la página 91, prestando atención a las diversas formas de dar instrucciones.

RECETAS

3. **G35** Va a escuchar una receta para hacer una tortilla de patatas.

i) Primero preste atención a los ingredientes. ¿Cuáles de los siguientes ingredientes se utilizan en este plato?

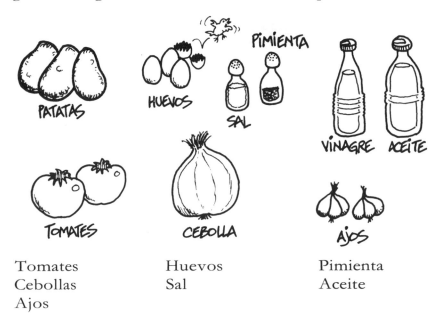

Tomates
Cebollas
Ajos

Huevos
Sal

Pimienta
Aceite

ii) Aun sin saber mucho de cocina, es posible deducir, por lógica, el orden de elaboración de una tortilla; por ejemplo, hay que pelar las patatas antes de freírlas.

a.   b.   c.

d.   e.   f.

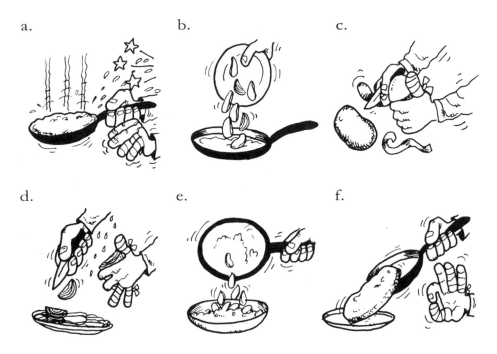

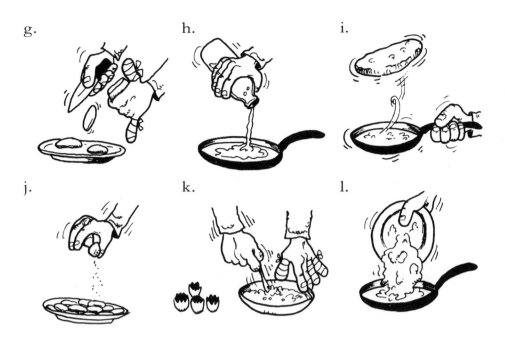

g.   h.   i.

j.   k.   l.

● Ordene las ilustraciones de manera lógica. Asegúrese de que conoce el significado de los siguientes verbos:

pelar   *batir*   *reposar*   *empapar*

● Escuche la receta siguiendo las ilustraciones. ¿Cree que están bien ordenadas?

El orden correcto es:

— — — — — — — — — — —

DIRECCIONES

4. Dar y entender direcciones de calles es bastante difícil.

i) Escriba cada dirección junto al gráfico correspondiente:

Cruce ...   **Baje** por ...
Suba por ....   **Tuerza** a la derecha/izquierda

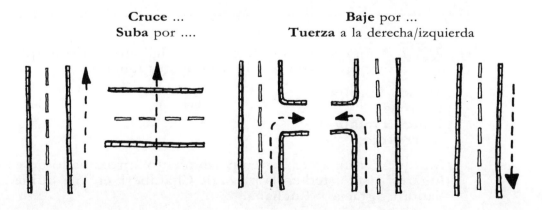

ii) **G36** Observe el plano. Escuche cuatro conversaciones en las que se dan direcciones para ir a las calles siguientes. Escriba el nombre de la calle en el lugar correspondiente en el plano. Las conversaciones tienen lugar en la esquina de Santa Engracia y Luchana.

a. **San Mateo** c. **Modesto Lafuente**
b. **Sagunto** d. **Álvarez de Castro**

iii) **G37** Ahora va a escuchar cuatro diálogos, en los que se dan direcciones para ir a los siguientes lugares:

Museo Sorolla
Correos
Hotel Trafalgar
Cruz Roja

Marque con una cruz el emplazamiento aproximado de esos lugares. Está usted en la plaza de Chamberí, en la esquina de Santa Engracia y Luchana.

CONSEJOS

5. **i)** Lea los consejos siguientes, pertenecientes a una campaña sobre ahorro de energía en el transporte privado. Busque en un diccionario aquellas palabras que no conozca y que le parezcan importantes.

A

Reduzca la velocidad

A medida que aumenta la velocidad, la resistencia del aire es mayor. Al doble de velocidad, la resistencia del aire se multiplica por cuatro, lo cual aumenta el consumo.

B

Conduzca tranquilamente

Evite arranques bruscos, frenazos y derrapajes innecesarios. Mantenga una distancia razonable con el vehículo que le precede. La conducción brusca consume el doble de gasolina.

C

Tenga el coche siempre a punto

Casi todas las operaciones de mantenimiento se traducen en ahorro de combustible.

D

Apague el motor en paradas prolongadas

En paradas de más de 2 minutos, corte el contacto. Está consumiendo más de lo que necesitaría para arrancarlo.

E

Vigile la presión de los neumáticos

Un neumático poco inflado, se desgasta antes, se calienta y aumenta la resistencia a la rodadura, con el consiguiente aumento de gasto de gasolina.

F

Utilice el transporte público

Deje el coche en casa y haga uso del transporte colectivo.
La dimensión del ahorro es enorme, porque un autobús con 60 personas consume lo mismo que 3 coches sólo con el conductor.

Folleto del Ministerio de Industria y Energía.

ii) **G38** Escuche ahora esos mismos consejos en una campaña radiofónica. ¿En qué orden se mencionan?

6. **G39** Escuche ahora unos consejos sobre ahorro de energía para el hogar.

i) Lea el texto e intente rellenar los espacios en blanco.

ii) Escuche la grabación y compruebe.

Regule la calefacción

Una _____ de 20 °C es suficiente para mantener el confort en _____. Cada _____ que aumente la temperatura incrementa el consumo en un _____

_____ **a punto su sistema de calefacción.** La revisión periódica de su sistema de calefacción le hará ahorrar; _____
que sólo la limpieza o sustitución de los quemadores_____
_____ al mes supone un ahorro del _____

_____ **herméticamente las ventanas.** Utilice elementos que
aíslen su casa del _____ externo (burletes, etc.) a fin de no
perder _____

Aproveche las horas de sol. Aproveche la energía del sol. _____
las persianas, descorra las cortinas y permita que el sol _____
su casa. _____ la operación inversa cuando el _____
se ponga.

Evite derrochar agua _____. Ducharse en vez de _____
supone consumir _____ _____ menos agua _____.
No deje correr el agua caliente; ponga tapones en fregaderos y
lavabos.

UNIDAD 9. *VACACIONES*

1. i) Lea los siguientes anuncios de ofertas de vacaciones. Busque en un diccionario las palabras que no conozca y responda a las siguientes preguntas:

   a. ¿Dónde está el hotel Roosevelt?
   b. ¿Cuántas noches se pasan en Nueva York en el programa Ticket 31?
   c. ¿Cuánto le cuesta el viaje a Nueva York si va usted solo al hotel Hilton?
   d. ¿Qué días puede viajar a Nueva York?
   e. ¿Cuántos viajes de quince días tiene a la antigua URSS?
   f. ¿Cuál es el más barato?
   g. ¿Incluyen todas las comidas?
   h. ¿Qué gastos no están incluidos en el precio del viaje?
   i. ¿Qué días puede viajar?
   j. ¿Desde dónde hay vuelos?
   k. ¿Hay algún programa de vacaciones en España? ¿Dónde?
   l. ¿Cuánto dura la estancia?
   m. ¿De qué categoría son los hoteles en Tenerife?
   n. ¿Qué significan las siglas A.D., M.P. y P.C.? Una pista: Alojamiento y ..., Media ...., Pensión ....
   o. Lea el anuncio de Viajes Cemo, ¿a qué países europeos tienen viajes?
   p. ¿Cómo se viaja a Italia?
   q. ¿Cuál es el régimen de alojamiento en París y los Países Bajos?
   r. ¿Y en Austria?

TENERIFE Y LANZAROTE
(Combinado 15 días)

FECHAS DE SALIDA: Las mismas que para las estancias en LANZAROTE.

HOTELES EN TENERIFE	HOTELES EN LANZAROTE	REG.	TEMPORADA BAJA	TEMPORADA MEDIA	TEMPORADA ALTA
Hoteles*** ó Aparthoteles (Pto. la Cruz)	Aparthotel Morromar*** (ó similar)	A.D.	43.000	50.100	56.100
		M.P.	56.700	59.900	65.900
		P.C.	56.900	65.300	77.300
Hoteles*** superior (Pto. la Cruz)	Aparthotel Las Costas****	A.D.	50.100	57.200	63.300
		M.P.	59.500	67.700	73.700
		P.C.	61.900	75.000	81.000

EL PRECIO INCLUYE: Avión + Traslados Aeropuerto-Hotel-Aeropuerto + Estancia en habitaciones dobles en el régimen elegido + Asistencia técnica + Seguro Turístico.
NOTA: Consulte descuento para niños.

¡LOS VUELOS SE RECONFIRMARAN DIAS ANTES DE LA SALIDA!

OFERTA
NUEVA YORK 9 DIAS
POR 119.000 PTAS.

PRECIO POR PERSONA

	H. ROOSEVELT	H. DORA INN H. PENTA	H. MARRIOT	H. HILTON	H. WALDORF ASTORIA
En habitación doble	119.000	129.000	136.900	150.900	173.900
Suplemento single	36.900	47.400	55.900	68.500	91.500
Tasas de aeropuerto	2.900	2.900	2.900	2.900	2.900

INCLUYE

- Avión Línea Regular MADRID/NUEVA YORK/MADRID.
- Traslados Aeropuerto/Hotel/Aeropuerto.
- Visita del Bajo Manhattan.
- Estancia 7 noches de hotel según categoría elegida.
- Seguro y bolsa de viaje.

DIAS DE SALIDA

Salidas diarias.

Validez del 01 de Abril al 30 de Junio de 1.991

INFORMACION Y RESERVAS:

CONDICIONES GENERALES: Veánse las publicadas en nuestro folleto general TICKET 31 - 91-92

OFERTA ESPECIAL DE LANZAMIENTO
SALIDAS DE MADRID Y BARCELONA 16 Y 23 DE JUNIO
(VUELOS DIRECTOS '91)

U.R.S.S:
Su Destino.......

CAPITALES DE LA URSS (Pág.93)
8 días por . . . . 99.900.- ptas

CIUDADES MEDIEVALES DE LA URSS (Pág.98)
15 días por . . . . 149.900.- ptas

REPUBLICAS DEL BALTICO (Pág.100)
15 días por . . . . 155.900.- ptas

U.R.S.S + HELSINKI CRUCERO (Pág.102)
15 días por . . . . 165.900.- ptas

U.R.S.S.: ASIA CENTRAL (Pág.104)
15 días por . . . . 169.900.- ptas

(Vease itinerario detallado en nuestro folleto 'POLICROMIA DE OTRAS CULTURAS' Distancias Medias)

LOS PRECIOS INCLUYEN:
- Ticket aéreo MAD/BCN/KIEV/BCN/MAD.
- Transporte interior en la U.R.R.S según programa
- Hoteles Primera Categoría en habitaciones doble con baño/ducha
- Régimen de pensión completa
- Visitas diarias con guía local habla castellana
- Asistencia en aeropuerto y hoteles
- Representantes permanentes en Moscú, Leningrado y Kiev
- Seguro de Viaje
- Bolsa de Viaje
. . . .

- Emisión visado U.R.S.S. .... 3.500.- Ptas

POLITOURS

INTERNACIONAL

ITALIA autocar

11 días en Pensión Completa

Hoteles 1ª Categoría
Turísta Superior

SALIDAS	PRECIO
JUNIO: 30 JULIO: 7-14 AGOSTO: 18-25 SEPTIEMBRE: 1-8	87.650 pts.
JULIO: 28 AGOSTO: 4, 11	95.900 pts.

ITALIA avión

8 días M. Pensión (Roma A.D.)
Hoteles 1ª Categoría
Turísta Superior

SALIDAS	PRECIO
JUNIO	77.200 pts.
SEPTIEMBRE: 16-20-30	80.200 pts.
JULIO: 1-8-15-22 AGOSTO: 19-26 SEPTIEMBRE: 2-9	84.800 pts.
JULIO: 29 AGOSTO: 5-12	92.400 pts.

BRASIL (16 días) A.D.

Salvador de Bahía-Iguaçu-Río

SALIDAS	PRECIO
JUNIO: 4-6-11-13-18-20	151.100 pts.
JUNIO: 29-27 JULIO: 2-4-9-11-16-23 AGOSTO: 20-22-27-29 OCTUBRE: 22-24-29	176.100 pts.
JULIO: 16-18 SEPTIEMBRE: 17-19-24-26 OCTUBRE: 1-3-8-10-15	186.100 pts.
AGOSTO: 1-6-8-13-15 SEPTIEMBRE: 3-5-10-12	191.100 pts.

AUSTRIA avión

8 días M. Pensión (Viena A.D.)

SALIDAS	PRECIO
JUNIO: 4-11-18-25	83.400 pts.
SEPTIEMBRE: 17-24	88.100 pts.
JULIO: 2-9-16-23 AGOSTO: 20-27 SEPTIEMBRE: 3-10	91.000 pts.
JULIO: 30 AGOSTO: 6-13	98.900 pts.

PARIS-PAISES BAJOS
AVION

8 días en A.D.

SALIDAS	PRECIO
JULIO: 1-8-15-22 AGOSTO: 19-26 SEPTIEMBRE: 2-9	80.250 pts.
JULIO: 29 AGOSTO: 5-12	87.900 pts.
SEPTIEMBRE: 16-23-30 OCTUBRE: 7-14	75.700 pts.

EL CARIBE-SANTO DOMINGO

9 días en A.D.

SALIDAS	PRECIO
JUNIO: 6-13-20-27 OCTUBRE: 24-31	115.200 pts.
JULIO: 4-11-18-25 AGOSTO: 22 SEPTIEMBRE: 19-26 OCTUBRE: 3-10-17	125.200 pts.
AGOSTO: 29 SEPTIEMBRE: 5-12	135.200 pts.
AGOSTO: 1-8-15	145.200 pts.

CONDICIONES GENERALES: De acuerdo a la Reglaméntación Juridica de Agencias de Viajes en vigor, Real Decreto 271/88 de 25 de marzo de 1988.

ii) **G40** Escuche algunos fragmentos de conversaciones entre una agente y clientes. ¿De cuál de los programas anunciados en 1 están hablando?

1. _____ 3. _____
2. _____ 4. _____

2. **G41** Escuche dos conversaciones completas entre una agente de viajes y clientes interesados en diversos viajes de vacaciones. Tome notas sobre los siguientes puntos:

	1	2
¿Dónde?		
¿Cuándo?		
Duración		
Transporte		
Alojamiento		
Coste		
Ventajas		
Inconvenientes		

3. **G42** Escuche a tres amigos, Ester, Rafa y Juan, haciendo planes para las vacaciones. Tome nota de las sugerencias, las razones de rechazo o aceptación. ¿Dónde deciden ir por fin?

Sugerencias	¿Rechazada/aceptada?	Motivo

4. **i)** Ester encontró el siguiente anuncio en un periódico:

¡¡OFERTA!!

Unas vacaciones diferentes al sol

Gran complejo turístico en Creta, situado en una zona de gran belleza. Nade y navegue en un mar cristalino y disfrute del romanticismo de las noches griegas en nuestra discoteca al aire libre.

Y a un precio único, **56.000 pts.**
Viajes Eurotour, 448 65 39

G43 Ester telefoneó a la agencia para pedir más información. Antes se había preparado unas notas para no olvidarse de preguntar nada. Escuche y anote la información correspondiente:

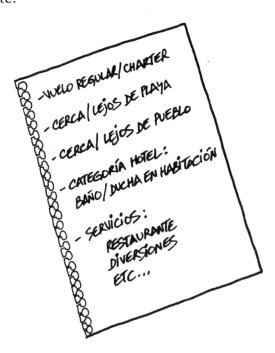

ii) **G44** Ester y sus amigos decidieron pasar sus vacaciones en Creta. Ahora ya de vuelta en España comenta sus vacaciones con otro amigo. Escuche y anote las diferencias entre el anuncio y la realidad.

UNIDAD 10. *PERSONALIDAD*

1. Aquí tiene una serie de adjetivos utilizados para describir la personalidad. ¿Conoce su significado? Utilice un diccionario en caso necesario y empareje los adjetivos con las descripciones correspondientes:

1.	egoísta	a.	de ideas y actitudes tradicionales
2.	agresivo	b.	que se preocupa por el bien de los otros
3.	conservador	c.	que no actúa por su propio interés
4.	aventurero	d.	que le gusta vivir situaciones
5.	precavido	e.	que siente aversión hacia la violencia
6.	convencional	f.	que siente miedo de cualquier cosa
7.	superficial	g.	que piensa antes en otros que en él mismo
8.	miedoso	h.	que sólo se preocupa de sí mismo
9.	pacifista	i.	que tiene tendencias violentas
10.	altruista	j.	que suele actuar con mucho cuidado
11.	desinteresado	k.	que tiene ideas o comportamientos poco sólidos

TEST DE PERSONALIDAD

2. **i)** Lea el siguiente cuestionario. Resuelva las dudas.

　1. Si encontrara un millón de pesetas en la calle, ¿qué haría?
　　a. Repartirlo entre gente más pobre.
　　b. Entregarlo en una comisaría.
　　c. Quedárselo.

　2. Si no tuviera que trabajar y tuviera todo el dinero que quisiera, ¿qué haría?
　　a. Intentaría aprovechar tiempo y dinero para aprender cosas útiles.
　　b. Estaría todo el día intentanto divertirse.
　　c. Se dedicaría a viajar por el mundo.

　3. Si pudiera convertirse en animal, y quisiera, ¿qué animal eligiría?
　　a. Un tigre.
　　b. Una serpiente.
　　c. Un gato.

　4. Si pudiera realizar un deseo, ¿qué deseo pediría?
　　a. Encontrar una cura para enfermedades como el cáncer o el SIDA.

b. Resolver el problema del hambre en el mundo.

c. Hacerse millonario.

5. Si pudiera vivir en cualquier parte del mundo, ¿dónde lo haría?

a. En una gran ciudad.

b. En una pequeña aldea.

c. En medio de la selva del Amazonas.

6. Si tuviera una máquina del tiempo, ¿a qué epoca viajaría?

a. A la Edad Media.

b. Al siglo XXII.

c. Se quedaría en el presente.

7. Si pudiera elegir su profesión, ¿qué elegiría?

a. Ser un actor/actriz famoso/a.

b. Ser granjero.

c. Ser médico.

8. Si hubiera una guerra y lo llamaran a filas, ¿qué haría?

a. Iría a la guerra.

b. Desertaría.

c. Fingiría estar enfermo para no ir.

ii) **G45** Escuche a unos amigos, Marisa y Rafa, haciendo el *test* a otro: Juan. Señale las respuestas de éste y luego compruebe con la transcripción de la página 94.

De acuerdo con las respuestas dadas, ¿cómo cree usted que es la personalidad de Juan? ¿Qué adjetivos de la actividad 3 utilizaría?

iii) **G46** Ahora escuche al grupo analizando la personalidad de Juan y complete el cuadro. ¿Coinciden con su análisis?

Personalidad	¿Por qué?

PERSONALIDAD COLECTIVA

3. Se puede hablar también de personalidades colectivas, refiriéndonos a determinadas características típicas de los habitantes de las distintas regiones o países. Por ejemplo, ¿qué piensa cada región de España de las otras?

    i) ¿Sabe cómo se denomina a los nacidos en las diversas regiones españolas? Busque los adjetivos en su libro o en un diccionario.

    ii) **G47** Escuche a gente de diversas regiones de España hablando de la personalidad de algunas de las otras.

- Primero preste atención al origen del que opina y sobre quién opina.

- Posteriormente, preste atención a las opiniones. Los adjetivos del recuadro le serán útiles:

vago	*trabajador*	*serio*	*callado*	*prudente*	*noble*
culto	*gracioso*	*bruto*	*alegre*	*poco de fiar*	
negociante	*fanfarrón*	*divertido*	*tacaño*		

Opina	sobre	Opinión
andaluza	**catalán**	

4. **G48** Va a escuchar una grabación de un grupo de amigos, un mexicano, una argentina y un español, hablando sobre la opinión general que hay en sus países, y las suyas propias, sobre las características nacionales de los otros.

i) Escuche la grabación e intente localizar las siguientes palabras:

gachupines	*abusivo*	*gallego*
torpe	*charro*	*pendenciero*

ii) Vuelva a escuchar la grabación, prestando atención a las palabras anteriores e intente responder las siguientes preguntas:

1. ¿A quiénes llaman «gachupines» los mexicanos?
2. ¿Qué otro adjetivo se usa como sinónimo de «abusivo»?
3. ¿Qué es un «gallego» en Argentina?
4. ¿Qué otro adjetivo se usa como sinónimo de torpe?
5. ¿Qué es un «charro»?
6. ¿Qué definición se da de «pendenciero»?

Si no logra responder alguna de las preguntas tras la audición, busque el significado de las palabras de i) en un diccionario.

iii) Escuche la grabación de nuevo e intente completar el cuadro con las opiniones de los hablantes:

Opina	sobre	Opinión

UNIDAD 11. *EL FUTURO*

1.   Los siguientes adverbios y expresiones temporales sirven para referirse exclusivamente al futuro:

mañana (1), el mes que viene (2), el próximo año (3), pasado mañana (4), dentro de diez años (5), la próxima semana (6), dentro de tres días (7), esta noche (8).

i)   Ordénelos del futuro más próximo al más lejano. (Coloque el número correspondiente en la línea del tiempo.)

AHORA ⌐|⌐|⌐|⌐⌐⌐|⌐⌐⌐⌐⌐|⌐⌐⌐⌐⌐⌐⌐|⌐⌐⌐⌐⌐⌐⌐|¬

ii)   **G49** Escuche ahora a unas personas respondiendo a la pregunta: «¿Cuándo le gustaría casarse?» Preste atención a los adverbios y expresiones anteriores. ¿Cuántas respuestas escucha con

«dentro de»?
«próximo/a»?
«que viene»?

2.   **G50** Unas Navidades muy ocupadas. Es el domingo 20 de diciembre. Escuche a una chica, Ester, hablar sobre sus planes para las vacaciones de Navidad.

i)   Ponga las acciones en orden, comenzando por las más próximas al domingo, 20 de diciembre:

1.   Va a un concierto
2.   Va a Salamanca
3.   Va a una fiesta de la oficina
4.   Va a una fiesta gigante
5.   Va a Almería
6.   Regresa a la oficina
7.   Se vuelve a Madrid
8.   Va a cenar con un amigo
9.   Va a Melilla y Marruecos

ii)   Vuelva a escuchar e intente anotar cuándo va a hacer cada cosa.

PLANES

3. **G51** Escuche una conversación telefónica entre dos amigas, Marta y Yoli. Es el domingo 17 de febrero. Tome nota de sus respectivos planes para la semana siguiente (complete la agenda) y anote también cuándo quedan para verse.

MARTA   # YOLI

Lunes 18
Martes 19
Miércoles 20
Jueves 21
Viernes 22
Sábado 23
Domingo 24

Lunes 18
Martes 19
Miércoles 20
Jueves 21
Viernes 22
Sábado 23
Domingo 24

4. **G52** Marta ha terminado la carrera, y está comentando sus planes para el futuro próximo con su amiga Yoli. Lea las siguientes frases, escuche la conversación y señale si son verdaderas o falsas.

	V	F
Primero va a descansar con sus padres.		
En julio va a visitar a unos amigos en Gran Bretaña.		
En agosto va a intentar recorrer Europa central.		
Quiere ponerse a trabajar nada más acabar las vacaciones.		
Cree que será fácil encontrar un empleo.		

5. ¿Es usted optimista o pesimista sobre el futuro de nuestro planeta?

i) Haga el siguiente *test:*

El año 2000 está a la vuelta de la esquina y es poco probable que la vida sea muy diferente al comienzo del siglo XXI. Pero, ¿y en el año 2050, habrá cambiado mucho la Tierra? ¿Es usted optimista o pesimista sobre el futuro de nuestro planeta? Lea las afirmaciones siguientes y rodee con un círculo la respuesta que más se aproxime a su opinión:

1. Absolutamente seguro
2. Casi seguro
3. Posible
4. Poco posible
5. Muy dudoso
6. No

1.	La Tierra agotará sus recursos energéticos.	1 2 3 4 5 6
2.	Habrá un exceso de población en el mundo.	1 2 3 4 5 6
3.	Habrá guerras importantes entre las naciones más poderosas.	1 2 3 4 5 6
4.	Ciertas especies animales: ballenas, pandas, tigres, bisontes, se extinguirán.	1 2 3 4 5 6
5.	Se producirán cambios climáticos importantes.	1 2 3 4 5 6
6.	Desaparecerá toda la selva del Amazonas.	1 2 3 4 5 6
7.	Se desertizarán grandes zonas del sur de Europa.	1 2 3 4 5 6
8.	Habrá grandes epidemias de enfermedades como el SIDA por todo el mundo.	1 2 3 4 5 6
9.	Habrá aterrizajes de extraterrestres en la Tierra.	1 2 3 4 5 6
10.	El hombre vivirá en otros planetas.	1 2 3 4 5 6

Sume sus respuestas; 50 puntos o más: es usted demasiado optimista, incluso inocente.
Entre 30 y 50: es usted realista, tirando a optimista.
Menos de 30: es usted un pesimista terrible.

ii) **G53** Escuche a dos amigos, Javier e Isabel, que es argentina, discutiendo las respuestas al *test*. Señale sus respuestas.

Javier				Isabel			
1	_____	6	_____	1	_____	6	_____
2	_____	7	_____	2	_____	7	_____
3	_____	8	_____	3	_____	8	_____
4	_____	9	_____	4	_____	9	_____
5	_____	10	_____	5	_____	10	_____

Sume sus puntos. ¿Qué piensan sobre el futuro de la Tierra?

UNIDAD 12. *DIFERENCIAS*

Esta unidad trata sobre diferencias de opiniones, de gustos, de hechos y de información.

1. **G54** Escuche seis conversaciones breves en las que se habla de gustos, opiniones y hechos. Preste atención a las coincidencias o diferencias entre los dos interlocutores. Escriba I (igual) si hay coincidencia, y D (diferente) si hay diferencias.

   1. _____   2. _____   3. _____   4. _____   5. _____   6. _____

2. i) Lea el siguiente artículo. ¿A quién va dirigido? ¿Qué recomiendan?

¿SON USTEDES COMPATIBLES?

Ya sé que no es usted un ordenador, pero ¿se ha parado alguna vez a pensar si es usted realmente compatible con su mejor amigo o amiga? La cosa puede no tener importancia si quieren seguir siendo sólo amigos. Pero si quieren dar el gran paso y empezar a vivir juntos, deben asegurarse de que son, si no totalmente, al menos muy compatibles. Imagínese que a usted le gusta dormir mucho y su compañero o compañera duerme poco, o viceversa; este hecho podría tener unas consecuencias funestas. La compatibilidad suele darse en diversos aspectos, como gustos, manías, intereses o habilidades. De manera que hable inmediatamente con su amigo/a y plantéele la cuestión seriamente. Antes de que sea demasiado tarde.

ii) **G55** Escuche a dos amigos que han leído el artículo, comprobando si son compatibles o no.

   • Durante la primera audición, anote sólo los aspectos que mencionan.

   • Durante la segunda audición, señale los puntos coincidentes (I) o las diferencias (D).

3. i) Lea el siguiente artículo de periódico sobre la presencia de extraterrestres en una localidad española. Tome notas en el cuadro adjunto:

LOS MARCIANOS LLEGAN A ESPAÑA

ARANDA DE DUERO.—En la localidad burgalesa de Peñaranda de Duero, la semana pasada han informado de la aparición de dos naves espaciales. El primero en verlas fue un pastor de la localidad, Agapito del Val. Según éste, bajaron de la nave dos personas «como enanos, no medían ni medio metro», que se dirigieron a él en un idioma desconocido. Según este testigo, su aspecto era normal, aunque ninguno de ellos tenía pelo y la piel era de un color verdoso —«parecían ranas», en palabras del propio Agapito. Las ropas eran de color plateado, muy semejantes a las que se ven en series de televisión como «Viaje a las estrellas». «Yo me di cuenta pronto de que eran marcianos, pero como no les entendía, se dieron la vuelta y se marcharon en sus platillos», nos comentó Agapito, principal testigo del hecho.

Al parecer hubo más testigos: el guardia municipal y Teodora Rojo, molinera de la población, vieron e incluso llegaron a «hablar» con los extraterrestres.

	1	2	3
Testigo			
Número de naves			
Número de extraterrestres			
Altura			
Aspecto físico			
Ropas			
Idioma			

ii) G56 Escuche ahora un reportaje radiofónico sobre la llegada de los extraterrestres. Tome notas en el cuadro.

ENCUENTRA LAS DIFERENCIAS

4. G57 Este dibujo corresponde a una de las escenas de un juego de «Encuentra las diferencias», la correspondiente al jugador A. Obsérvela con detenimiento: ¿Cuántas personas hay? ¿Qué características tienen? ¿Cómo se llama la gasolinera? Observe la torre de la iglesia. ¿Cómo se llama en español el ave que tiene allí su nido?

i) Ahora escuche la descripción de la escena B y anote las nueve diferencias.

_____

_____

_____

_____

UNIDAD 13. *DE RESTAURANTES*

1.   **i)**   Estudie las cartas siguientes. ¿Conoce los platos que aparecen en ellas? Intente buscar el equivalente en su lengua materna.

A

CAFETERÍA «LA LUNA»
MENÚ DEL DÍA

Primer plato

Judías verdes
Gazpacho
Ensalada mixta

Segundo plato

Filete empanado
Pollo asado   } con patatas fritas
Pescadilla

Postre

Flan de la casa
Fruta del tiempo

Pan, vino o cerveza

PRECIO: 700 Pta.

B

CASA «BASI»
MENÚ DEL DÍA

Primero

Entremeses variados
Sopa de verduras
Espárragos con mayonesa

Segundo

Pimientos rellenos
Ternera en su jugo
Chuletas de cordero

Postre

Fruta del tiempo
Sorbete de fresa
Cuajada casera

Pan, vino o cerveza   1.200 Pta.
                                   (I.V.A. incluido)

C

```
┌─────────────────────────────────────────────────────────────┐
│   BAR «TRAMPOLÍN»          Edificio «Club del Mar»           │
│                     Todos los días                          │
│                                                             │
│  Menú 1  Pollo con patatas    Menú 2  Hamburguesa           │
│          Ensalada                     Huevo con patatas     │
│          Pan                          Ensalada y pan        │
│          1/2 litro de cerveza         1/2 litro de cerveza  │
│                    300 Pesetas                  300 Pesetas │
│                                                             │
│                                                             │
│  Menú 3  Pizza                Menú 4  Filete a la plancha    │
│          Ensalada                     Ensalada y pan        │
│          1/2 litro de cerveza         Fruta                 │
│                    300 Pesetas                  400 Pesetas │
└─────────────────────────────────────────────────────────────┘
```

ii)   **G58** Escuche seis breves diálogos a la hora de la comida. ¿En cuál de los restaurantes anteriores se desarrollan?

1. ____   2. ____   3. ____   4. ____   5. ____   6. ____

¿Qué platos mencionan?

2.   i)   Lea la carta siguiente y busque el equivalente de las palabras que no conozca en su lengua materna:

```
┌─────────────────────────────────────────────────────────────┐
│                                                             │
│  ENTRADAS                    PESCADOS                        │
│  Jamón de Jabugo             Trucha a la navarra            │
│  Lomo ibérico                Merluza en salsa verde         │
│                              Merluza rebozada               │
│  VERDURAS                    Salmón a la parrilla           │
│  Judías con jamón            Mero a la parrilla             │
│  Alcachofas salteadas        Lenguado a la plancha          │
│  Champiñón salteado          Lenguado meunier               │
│  Menestra de verduras        Calamares en su tinta          │
│  Ensalada mixta              Bacalao con tomate             │
│                              Bacalao rebozado               │
│  SOPAS                                                      │
│  Sopa de ajo con huevo       CARNES                         │
│  Sopa castellana             Solomillo                      │
│  Sopa de mariscos            Chuletón de ternera            │
│  Consomé de ave              Chuletas de cordero            │
│                              Cordero asado                  │
│  HUEVOS                      Entrecot de choto              │
│  Huevos fritos con patatas   Lomo de cerdo                  │
│  Huevos con jamón            Pollo asado                    │
│  Tortilla francesa           Pollo a la cazuela             │
│  Tortilla de gambas          Pollo al ajillo                │
│  Tortilla de jamón                                          │
│  Tortilla de escabeche       POSTRES                        │
│  Tortilla española           Manzana asada                 │
│  Revuelto de ajetes          Melocotón en almíbar           │
│  Revuelto de gambas          Piña                           │
│  Revuelto de setas           Arroz con leche                │
│  Revuelto de champiñones     Leche frita                    │
│  Revuelto de espárragos      Fresas con nata                │
│                                                             │
└─────────────────────────────────────────────────────────────┘
```

ii) **G59** Escuche dos diálogos entre un camarero y unos clientes. Anote los platos y las bebidas pedidos. En el primer diálogo hay sólo un cliente; en el segundo hay dos clientes.

1.   2. A   B

_____   _____   _____

_____   _____   _____

_____   _____   _____

3. **G60** Escuche a tres amigos, una mexicana, un peruano y un español, hablando sobre algunos platos típicos de sus países. Éstos son los platos mencionados:

1. cebiche
2. tacos
3. papas a la huancaína
4. cocido
5. pisto
6. guacamole

i) Anote la nacionalidad de cada plato e identifique los platos de las fotografías.

ii) Anote en qué consiste cada uno de los platos. Como ayuda, aquí tiene los diversos ingredientes necesarios. Consulte un diccionario en caso necesario. (Algunos términos son latinoamericanos.)

*aceitunas   ají amarillo   pescado   vaca   maíz   frijoles
cebolla   lechuga   garbanzos   fideos   queso   chile
limón   repollo   papas/patatas   aguacate   gallina
pimientos   tomate/jitomate   nopales/higos chumbos   huevo*

UNIDAD 14. *LA RADIO*

1. Éstos son los tipos de programas más comunes en la radio española:

Informativos   Retransmisiones deportivas
Anuncios   Información meteorológica
Tertulias   Concursos
Información deportiva   Consultorios

¿Sabe qué significan? ¿Se imagina el posible contenido de cada tipo de programa?

i) **G61** Va a escuchar extractos de diversos programas de radio. ¿Puede decir de qué tipo de programa se trata? Anote el número de referencia junto al tipo de programa:

_____ Informativos
_____ Anuncios
_____ Tertulia
_____ Retransmisiones deportivas
_____ Información deportiva
_____ Información meteorológica
_____ Concurso
_____ Consultorio

NOTICIAS

2. i) Los siguientes titulares pertenecen a diversos periódicos españoles del día 2 y 3 de mayo de 1991. Algunos titulares corresponden a la misma noticia. Léalos y agrúpelos.

Millares de muertos y desaparecidos tras el paso de un ciclón en Bangladesh

El fiscal Flores acusa a Juan Guerra, hermano del ex vicepresidente del Gobierno, de nuevos delitos de prevaricación y amenazas

Cumbre hispano-alemana en Lanzarote: Kohl no dejará aislada a España en el proceso de unidad europea

Aznar dice que el PSOE incumplió ya en 1982 su promesa de vivienda

Un ciclón causa decenas de miles de muertos y desaparecidos en Bangladesh

El cólera no es un accidente, dice en Madrid la Organización Panamericana de Salud

Sergio Bruguera debuta con éxito en el Villa de Madrid

España y Alemania revitalizan el proceso de unión política y económica europea

La familia de la niña de Huelva no desea el linchamiento del presunto asesino

El proyecto de las 400.000 viviendas irá al Consejo de Ministros de mañana

Kohl no dejará relegada a España en el proceso de integración europea

El presunto asesino de la niña de Huelva, trasladado a la prisión de Badajoz

Colin Powell intentó disuadir a Bush para evitar la guerra

La ocupación israelí de territorios es un veneno para la paz, según Hurd

Más de 100.000 muertos en el ciclón de Bangladesh

1. _____
2. _____
3. _____
4. _____
5. _____
6. _____
7. _____
8. _____
9. _____

ii) **G62** Escuche ahora un resumen informativo del 2 de mayo. ¿Qué noticias de los titulares menciona la radio? Señale con una cruz las letras de referencia de la actividad i).

3. **G63** Escuche ahora algunas de las noticias del resumen anterior dadas de manera más completa. Las noticias son sobre Bangladesh, la epidemia de cólera en Sudamérica y la Vuelta Ciclista a España.

$$\boxed{1}$$

A. La población de Bangladesh es...
   a. tres veces menor que la de España
   b. tres veces mayor
   c. igual

B. En 1971 el país se vio asolado por...
   a. un ciclón
   b. la guerra con India
   c. la guerra con Pakistán

C. Su índice de mortalidad infantil es del...
   a. 50 por 1.000
   b. 123 por 1.000
   c. 13 por 1.000

D. ¿Cuál es el cálculo más elevado de víctimas mortales?
   a. 39.000
   b. 200.000
   c. 7 millones

E. ¿En qué zona del país se ha producido el ciclón?

a.   b.   c.

F. Según el Ministro de Asuntos Exteriores de Bangladesh, ¿qué cantidad de dinero sería necesaria para devolver la zona a la normalidad?
   a. 14 millones de dólares
   b. 1 billón de dólares
   c. 100.000 millones de dólares

A. ¿En qué país se originó la epidemia de cólera?
   a. En España
   b. En Perú
   c. En países centroamericanos

B. ¿Cuántas personas han fallecido ya por el cólera?
   a. 170.000
   b. 1.200
   c. 6

C. ¿Cuál de los siguientes países está también afectado?
   a. Estados Unidos
   b. Cuba
   c. Argentina

D. Según Guerra de Macedo, director de la Organización Panamericana de la Salud, las condiciones de vida hacen:
   a. muy probable
   b. probable
   c. poco probable
   que se pueda contener la epidemia.

3

Observe el siguiente esquema:

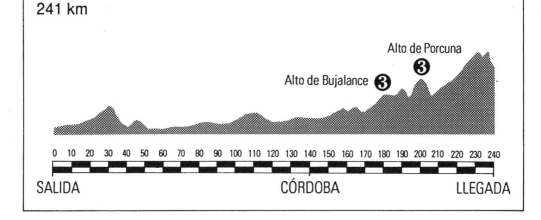

A. Indique en qué ciudades están situadas la salida y la llegada de la cuarta etapa de la Vuelta Ciclista a España.

B. Marque el punto en el que se encuentra en ese momento el primero de la etapa y el pelotón.

4. Lea la siguiente información sobre el tiempo publicada en un periódico el 3 de mayo:

TEMPERATURAS

	T	M			T	M
Albacete	7	-		Murcia	13	11
Alicante	15	10		Orense	12	7
Almería	19	13		Oviedo	8	5
Ávila	4	-1		Palencia	-	-
Badajoz	18	6		Palma	13	10
Barcelona	15	9		Palmas, Las	20	17
Bilbao	11	7		Pamplona	9	5
Burgos	4	1		Pontevedra	13	9
Cáceres	15	5		Salamanca	9	0
Cádiz	-	-		S. Sebastián	10	6
Castellón	-	-		S. C. Tenerife	20	16
Ceuta	17	15		Santander	12	8
Ciudad Real	12	5		Santiago	-	5
Córdoba	19	9		Segovia	5	-1
Coruña, La	13	8		Sevilla	20	10
Cuenca	8	1		Soria	4	1
Gerona	14	8		Tarragona	-	-
Gijón	12	8		Teruel	6	2
Granada	14	5		Toledo	12	5
Guadalajara	11	5		Valencia	12	9
Huelva	-	8		Valladolid	9	1
Huesca	-	5		Vigo	-	9
Ibiza	16	13		Vitoria	5	-
Jaén	-	-		Zamora	13	4
León	7	1		Zaragoza	13	7
Lérida	-	-		**EXTRANJERO**		
Logroño	-	5		Berlín	8	7
Lugo	9	4		Bruselas	8	6
Madrid	13	5		Lisboa	16	-
Mahón	13	11		Londres	10	2
Málaga	19	13		París	10	12
Melilla	18	15		Roma	20	-

T Temperatura a mediodía M Temperatura mínima

Fuente: INM

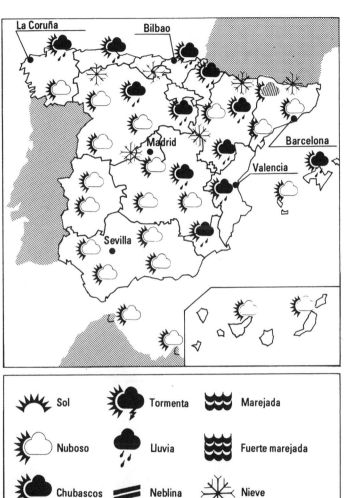

Sol · Tormenta · Marejada · Nuboso · Lluvia · Fuerte marejada · Chubascos · Neblina · Nieve · Cubierto · Niebla · Dirección y fuerza del viento

i) Fíjese en el mapa de España y en la tabla de temperaturas:

  a. ¿Cree que es conveniente salir con paraguas en...
  ...Sevilla? ...Barcelona? ...Bilbao? ...Valencia?

  b. Son las 12 de mediodía. ¿Cree que es apropiado salir con abrigo en...
  ...Málaga? ...Ávila? ...Las Palmas? ...Vitoria?

ii) Lea los diferentes textos y haga una lista de términos relacionados con el tiempo. Busque el equivalente en su lengua.

5. **G64** Escuche las previsiones meteorológicas para el día 28 de julio. Elija una zona de España y tome notas sobre tiempo y temperaturas. Recuerde que puede hacerlo en su propia lengua. Si no está familiarizado con los nombres de las regiones de España, consulte el mapa de la página 34.

NOTAS PARA EL PROFESOR

El objetivo de estas breves notas para el profesor es el siguiente:

i) Sugerir ideas para la preparación de la audición de algunas grabaciones.

En la mayoría de los casos, sin embargo, la audición está enmarcada dentro de una secuencia de actividades que ya implican una preparación. Las actividades e instrucciones dadas en la unidad correspondiente parecen lo suficientemente claras y completas como para no necesitar ninguna otra sugerencia. En otros casos será el propio profesor el que tendrá que adaptar las actividades del libro a las características de sus alumnos.

ii) Sugerir actividades para la práctica de otras destrezas que pueden realizarse a partir de algunas de las grabaciones y que pueden tener éstas como modelos lingüísticos.

UNIDAD 1

Actividades de preparación: G2   El profesor dirige una puesta en común rápida de los conocimientos que puedan tener los alumnos sobre los personajes de las fotografías. Si lo cree necesario, puede indicarles en una clase anterior que intenten buscar información sobre los personajes en una enciclopedia.

G3   El profesor dirige un «torbellino de ideas» en el cual los alumnos proponen todas las preguntas que les vengan a la cabeza.

Actividades de extensión: G2, G3   Tras la audición de las grabaciones es conveniente, como siempre, que se vuelvan a escuchar siguiendo la transcripción en los libros, lo que les permitirá prestar más atención al lenguaje concreto utilizado. Tras aclarar las dudas de los alumnos, el profesor los organiza en pequeños grupos, y pueden jugar a adivinar personajes en cualquiera de las dos modalidades vistas en las grabaciones. Es importante que los personajes salgan del fondo común de conocimientos del grupo.

UNIDAD 2

Preparación: G8   El profesor indica a que algunos alumnos que describan los personajes de las ilustraciones en voz alta, dándoles la ayuda necesaria en caso necesario. De esta manera se asegura de que toda la clase ha activado el lenguaje que posteriormente van a oír en la grabación.

Extensión: Oralmente o por escrito, individualmente los alumnos preparan una descripción de alguien conocido por todos —un compañero, un profesor del centro. Posteriormente, si la descripción es oral, se forman pequeños grupos y por turnos van dando sus descripciones, teniendo que adivinar los compañeros de quién se trata. Si es escrita, intercambian su descripción con otro compañero, la leen y escriben en la hoja el nombre del personaje al que creen que hace referencia.

UNIDAD 3

Extensión: G9   Tras escuchar la grabación, el profesor puede comentar con toda la clase las diferencias existentes entre la manera de decir las diversas expresiones numéricas en español y en la lengua materna de los alumnos. Posteriormente, individualmente los alumnos preparan diversos «números» —de teléfono, años, porcentajes, etc. Finalmente, en parejas, se dictan esos «números» uno a otro y al acabar comprueban.

G15, G16   Individualmente, los alumnos pueden buscar los datos correspondientes a países (o pueden dar datos sobre un país imaginario). Posteriormente, en parejas se preguntan uno a otro en parejas y al acabar comprueban.

UNIDAD 4

Preparación: G20   El profesor ayuda a algunos alumnos a describir las ilustraciones del ejercicio 6 en voz alta, a fin de asegurarse de que conocen el vocabulario necesario para poder discriminar entre las escenas alternativas.

Extensión: G18   Estudio sobre el uso del tiempo libre por los alumnos. Con el cuestionario del Ejercicio 4 —añadiendo cualquier otra actividad que consideren oportuna los alumnos— se intercambian la información en grupos pequeños. Posteriormente cada grupo proporciona sus datos al profesor o a algún compañero que los va anotando en la pizarra para obtener datos totales sobre toda la clase.

UNIDAD 5

Extensión: G22   Se puede sugerir a los alumnos que intenten recopilar términos del español de Latinoamérica; pueden ponerlos en común en un pequeño grupo y elaborar un cuestionario como el del Ejercicio 3. Posteriormente, intercambian el cuestionario con otro grupo.

UNIDAD 6

Preparación: G27   Deje tiempo a los alumnos para familiarizarse con el mapa y con los nombres de las ciudades.

Extensión: Ejercicio 5i)   Concurso sobre geografía política de España. Organice a los alumnos en pequeños grupos y dé un tiempo límite, diez minutos, por ejemplo, para que preparen preguntas sobre geografía política de España con ayuda del mapa incluído en la actividad. Posteriormente con estas preguntas se puede celebrar un concurso entre grupos.

UNIDAD 7

Preparación: G30 y G31   Ayude a los alumnos a describir las ilustraciones, dándoles el vocabulario que necesiten.

Extensión: G29   En pequeños grupos o con toda la clase. Un alumno piensa en tres años que han tenido una importancia vital en su vida. Los compañeros deben averiguar porqué son importantes mediante preguntas a las que sólo puede responder con sí o no.

G33   Concurso de historia contemporánea. En pequeños grupos los alumnos pueden preparar preguntas de historia contemporánea universal o sobre su propio país. Con estas preguntas celebran un concurso entre grupos.

UNIDAD 8

Extensión: G36 G37   Usando el mapa incluido como referencia común, cada alumno decide en qué punto de esa zona «vive». Posteriormente escribe una nota a otro compañero con direcciones para ir desde un punto determinado, la glorieta de Bilbao, por ejemplo, hasta su «casa», sin mencionar explícitamente donde está ésta. Se intercambian las direcciones, teniendo que marcar en el mapa el punto donde vive su compañero.

UNIDAD 11

Extensión: G51   Actividad comunicativa. Individualmente, los alumnos completan una agenda correspondiente a una semana con actividades para cuatro días por la tarde. Posteriormente, en parejas, los alumnos intentan quedar un día para hacer algo juntos.

UNIDAD 12

Preparación: G56   Además de la lectura del artículo, la descripción de la ilustración que acompaña esta actividad puede ser una buena forma de sacar vocabulario necesario para la audición.

Extensión: G57   Las revistas infantiles suelen incluir actividades de «Encuentra las diferencias». En parejas, bien un alumno describe su escena al otro y éste señala las diferencias, o bien charlando de manera informal deben encontrar las diferencias existentes entre los dos.

UNIDAD 13

Extensión: G59   Juego de papeles. Grupos de tres o cuatro alumnos; uno adopta el papel de camarero y el resto de clientes. Con ayuda de la carta de 2i) escenifican una escena en un restaurante.

UNIDAD 14

Preparación: G63   Asegúrese de que los alumnos leen las preguntas antes de escuchar la grabación, a fin de que sepan claramente qué tipo de información deben buscar durante la audición.

GRABACIONES

UNIDAD 1.

GRABACIÓN UNO

Uno. «... primero preparo la salsa: frío un poco de cebolla en la sartén, unas gambas; echo un poco de orégano. Y cuando ya tengo la salsa preparada, pongo el agua a hervir para los espaguetis. Cuando están hirviendo le añado la sal, echo los espaguetis y espero entre diez y quince minutos...»

Dos. «Yo estaba al fondo de la pista, incapaz de moverme. Sólo podía devolver la pelota. De repente pensé: "Esto no puede seguir así". Subo corriendo a la red, desesperada, llena de miedo. Me llega la pelota por la izquierda y la devuelvo de un revés. Me devuelve la pelota, por la derecha...»

Tres. «Es un hombre muy curioso. Los sábados por la mañana los dedica a arreglar su casa. Limpia todas las ventanas, el baño, la cocina, barre y friega los·suelos. El solo lo hace todo.»

Cuatro. «A veces trabajo en el estudio, pero donde realmente me gusta pintar es al aire libre: colocarme delante de un paisaje, admirarlo, sentirlo, vivirlo durante un buen rato hasta que todas sus formas, todos sus tonos, me son ya familiares. Y entonces empiezo a trabajar. No suelo hacer bocetos.»

Cinco. «Entonces Lolito le pasa la pelota a Irrazalde. Irrazalde la para, busca un compañero con la vista, no ve a nadie bien colocado y decide seguir avanzando. De repente, según avanza, lanza el balón con toda la fuerza al otro extremo del campo. Allí está Huguito solo; recibe la pelota, se interna en el área de gol y...»

GRABACIÓN DOS

Uno. Este personaje es muy fácil. Es un hombre. Es español, aunque ha nacido fuera de España, concretamente en Italia. Ha pasado su infancia también en el extranjero. A pesar de ello, es una figura principal del sistema político español. Es alto, con el pelo rizado, castaño me parece. Está casado con una princesa griega y tienen tres hijos, dos chicas y un chico.

Dos. Éste se trata también de un hombre, pero no vive ya; murió hace algunos años. Fue uno de los escritores más extraordinarios en lengua española y uno de los mejores poetas del siglo veinte. Le concedieron el Premio Nobel de Literatura en 1971. No es español; nació en el sur de Chile y allí murió en 1973, poco después del golpe de estado contra el gobierno constitucional al que él apoyaba.

Tres. Este personaje es femenino. Es una mujer, una artista mundialmente famosa. Es catalana, pero actúa principalmente fuera de España, en todo el mundo. Su especialidad es la ópera, aunque ha grabado un tema para las Olimpiadas de Barcelona con un cantante pop. Es una mujer muy grande y muy risueña.

GRABACIÓN TRES

A: Ya lo he pensado. Preguntad.
B: ¿Es un hombre?
A: Sí.
C: ¿Vive aún?
A: No.
C: ¿Hace mucho tiempo que ha muerto?
A: No.
D: ¿Es europeo?
A: Sí.
B: ¿Español?
A: Sí.
C: ¿Se dedicaba a la política?
A: No.
D: ¿Al arte?
A: Sí.
B: ¿Dirigía películas?
A: No.
C: Era pintor.
A: Sí.
B: ¿Murió en España?
A: No.
B: Ya lo sé.
B: Picasso.
A: Sí. Pablo Picasso. Ahora piensa tú en otro personaje.
B: Ya está. Ya podéis preguntar.
A: ¿Es hombre?
B: No.
C: ¿Vive aún?
B: No.
C: ¿Ha muerto hace mucho?
B: ... No.
D: ¿Hace más de cien años?
B: ¡No!
A: ¿Es europea?
B: No.
C: ¿Es americana?
B: Sí.
D: ¿Es argentina?
B: No.
A: ¿Latinoamericana?
B: No.
A: Entonces norteamericana.
B: Sí, claro.
C: Era actriz.
B: Sí.
C: Rubia.

B: Sí.

C: Muy guapa.

B: Sí.

C: Ya está.

C: Marilyn Monroe.

B: Sí.

UNIDAD 2.

GRABACIÓN CUATRO

A: No se preocupe. Yo le ayudo. A ver. Déjeme el impreso. Dígame su nombre y apellidos.

B: Eulalia Santos González.

A: Fecha de nacimiento.

B: El 18 de enero del 21.

A: 1921. ¿Dónde ha nacido usted?

B: En Gumiel de Hizán, provincia de Burgos.

A: ¡Hombre! Mis padres son de cerca, de Roa.

B: Un buen pueblo. Pero yo llevo ya más de cincuenta años viviendo en Madrid, hijo.

A: ¿El nombre de sus padres?

B: Mi difunto padre se llamaba Agapito y mi difunta madre Teodora.

A: ¿Dónde vive usted ahora?

B: En Madrid.

A: Si, ¿pero dónde?

B: En la calle de las Huertas 18, segundo E.

A: Bueno, ya está. A ver, firme aquí.

GRABACIÓN CINCO

A: Buenas noches. Bienvenidos al concurso «Por amor al arte». Esta noche, como todas, tendremos muchísimos premios para nuestros concursantes, concursantes como los que tenemos aquí en nuestro estudio esta noche.

A: Bienvenidos.

B, C, D y E: Gracias.

A: Antes de comenzar con las preguntas me gustaría que se presentaran para que les conozcan los televidentes. Empezamos por usted, doña Josefa, por favor.

B: Bueno. Me llamo Josefa Ríos. Soy de Zafra, Badajoz, aunque llevo veinte años viviendo en Madrid. Estoy casada; tengo tres hijos, dos chicos y una chica. Soy ama de casa. Tengo poco tiempo libre, pero me gusta salir a cenar con amigos y salir al campo los fines de semana.

A: Muchas gracias. Así ya no es usted una desconocida para nuestros espectadores. Don Antonio.

C: Me llamo Antonio González. Vivo en Albacete, con mis padres; estoy soltero. Tengo novia, aunque de momento no hemos pen-

sado en casarnos. Trabajo en un banco; soy cajero. Y en mi tiempo libre me gusta ir al cine, pasear con mi novia y mis amigos.

D: Me llamo Mario Ramírez. Soy de Burgos, de Aranda de Duero. Vivo allí, con mi familia; estoy casado y tengo una niña de diez meses. Tengo una zapatería; de momento va bien, aunque hay épocas muy malas. El poco tiempo libre que tengo se lo dedico a mi familia, a mi mujer y a mi hija. Y veo la televisión.

A: Pues gracias, Don Mario. Y esperemos que las ventas de zapatos aumenten.

D: ¡Ojalá!

A: Y finalmente doña Rosario.

E: Hola. Me llamo Rosario Moreno. Vivo en Madrid, aunque soy de un pueblo de Ciudad Real, Valdepeñas. Soy estudiante y estudio arquitectura. Me queda un año para terminar la carrera. Estoy soltera, y aunque tengo muchos amigos, no tengo novio por ahora. Y en mi tiempo libre me gusta ir al cine, leer, viajar.

A: Viajar. Un pasatiempo muy útil para responder a las preguntas de nuestro concurso....

GRABACIÓN SEIS

Uno

A: ... Es guapísimo: alto, fuerte, moreno, ojos azules.

B: ¿Y tiene novia?

Dos

A: Tienes que hacer algo, Luis.

B: ¿Por qué?

A: ¡Hombre! ¡Pareces un viejo! Estás muy gordo y tienes el pelo totalmente blanco.

Tres

A: ¡Qué ojos! ¡Verdes, preciosos! ¡Y qué tipo! ¡Alta, esbelta!

B: Y además es buena actriz.

Cuatro

A: ¿Color de pelo?

B: Castaño

A: ¿Longitud?

B: Corto

A: ¿Color de ojos?

B: Negros

A: ¿Barba?

B: No, pero sí bigote.

Cinco

A: Es una niña encantadora.

B: Gordita, con el pelo rubio rizado. La nariz tan chata.

A: Es una preciosidad.

Seis

A: ¡Qué asco! ¡Qué pelo tan largo!

B: Si fuera alto, todavía, pero con lo bajo que es.

A: Y luego está tan delgado.

B: ¡Qué pintas!

GRABACIÓN SIETE

Atención. Aviso para nuestros oyentes. Don Alberto Ruiz se encuentra desaparecido de su domicilio desde hace dos semanas. Tiene sesenta y nueve años y las facultades mentales algo alteradas. Don Alberto es de estatura media, mide un metro sesenta y nueve centímetros, tiene el pelo blanco y lleva bigote y gafas. En el momento de la desaparición llevaba pantalones grises, chaqueta a cuadros, camisa blanca, corbata de rayas azules y grises, y zapatos negros.

También falta de su domicilio desde el pasado domingo la niña Aurora Blázquez Rincón. Aurora tiene quince años. Es muy alta, un metro setenta y cinco, y bastante corpulenta. Aurora es rubia, con el pelo rizado y ojos azules. El pasado domingo salió de su casa con pantalones vaqueros, blusa negra, jersey amarillo y un anorak azul. Lleva zapatillas deportivas blancas. Si alguien tiene información sobre el paradero de don Alberto Ruiz o de Aurora Blázquez, le rogamos se ponga en comunicación con la emisora. Muchas gracias.

Atención, por favor. Se ha extraviado una niña de cinco años, Silvia. Silvia es morena, con el pelo corto; tiene los ojos verdes. Lleva una faldita negra y una blusa blanca con lunares verdes y azules. Repetimos. Silvia, pelo corto, morena; ojos verdes, falda negra y blusa blanca con lunares verdes y azules. Si ven a la niña, quédense a su lado y pónganse en contacto con información. Gracias.

GRABACIÓN OCHO

Uno

A: Mira ese chico. ¡Qué extraño!

B: ¿Quién? ¿El del pelo largo?

A: No, el otro. El del pelo corto. El que lleva una cazadora negra de cuero.

B: ¿Cuál de los dos? Hay dos con pelo corto y cazadora de cuero.

A: El más alto. El que está junto a la chica.

Dos

A: ¡Pobre Antonio! Ha envejecido muchísimo en tan sólo un año.

B: Bueno, son las canas. Le hacen a uno más mayor. Se le ha puesto toda la barba blanca.

A: Además ha engordado mucho. Y va siempre con traje gris y corbata.

B: Debería hacer algo. Es más joven que yo.

Tres

A: Mira ése es Julián, el novio de Lidia.

B: ¿Quién? ¿El de la coleta?

A: No, ése no. El más alto. El de barba. El que tiene gafas.

B: ¡Qué atractivo! Tiene un aire de intelectual que me encanta.

Cuatro

A: Desde luego, parece mentira. Tiene cerca de sesenta años, pero está jovencísima.

B: El pelo corto le favorece muchísimo.

A: Y vaya tipo. Está delgadísima. Desde luego, parece una chica de veinte años.

B: Y además, se viste muy moderna. No le importa ponerse los colores que sea.

A: ¡Ojalá esté yo así a los cincuenta!

UNIDAD 3.

GRABACIÓN NUEVE

Números de teléfono: Cuatro cuarenta y siete, cincuenta, treinta y tres; cuatro cuatro siete, cinco cero, tres tres. Cinco veintisiete, sesenta y ocho, cero cinco; Cinco dos siete, seis ocho, cero cinco.

Precios: Ochocientas cuarenta y siete pesetas; mil setecientas noventa y nueve pesetas; un millón quinientos sesenta y cinco mil dólares.

Años: Mil cuatrocientos noventa y dos; dos mil uno.

Fechas: Veintiocho de octubre de mil novecientos noventa y siete; dos de enero de mil ochocientos treinta y seis.

Horas: Las diez quince, las diez y cuarto; las cuatro treinta, las cuatro y media; las nueve cincuenta, las diez menos diez.

Pesos: Cuarto kilo; cien gramos; kilo y medio.

Porcentajes: Veinte por ciento; cuarenta y tres coma cinco por ciento.

Nombres: Juan Carlos Primero; Isabel Segunda; Carlos Quinto; Luis Catorce.

GRABACIÓN DIEZ

Uno

A: Información, dígame.

B: Por favor, quisiera el teléfono del restaurante La Rosita, en Libertad, 84.

A: Sí, anote. Cinco siete seis, cuatro tres, tres uno.

B: Gracias.

Dos

A: Oye, Pedro. ¿Te acuerdas del número de Alfredo Blanch? El de su casa en la calle Balmes.

B: Sí. Lo sé de memoria. Es el cuatro treinta y cinco, sesenta y nueve, ochenta y nueve.

Tres

A: Pedro, hazme un favor. Búscame el teléfono del hotel Granada, en la plaza del Cristo, tres.

B: Ahora mismo... Ya lo tengo, apunta. Seis noventa y tres, ochenta y seis, setenta y cinco.

A: Estupendo. Gracias.

Cuatro

A: Información.

B: ¿Me puede dar, por favor, el teléfono de información de Renfe?

A: Anote. Cuatro dos nueve, cero dos, cero dos.

B: Gracias.

GRABACIÓN ONCE

Uno

A: ¿Me puede decir la hora, por favor?

B: Sí. Son las diez menos veinte.

A: Gracias.

Dos

Al oír la tercera señal serán las ocho horas seis minutos.

Tres

A: ¿Qué hora es, Julio?

B: Las dos menos cuarto.

A: ¿Ya? Vamos a llegar tarde.

Cuatro

A: Perdón, ¿me puede decir la hora?

B: Las cinco y media.

A: ¿Cómo?

B: Las cinco y media.

Cinco

A: ¿A qué hora sale el Rápido para Córdoba, por favor?

B: A las diez y veintitrés.

Seis

A: ¿Tiene hora, por favor?

B: Sí, las cinco y diez.

A: Gracias.

GRABACIÓN DOCE

Uno

A: Por favor, quisiera saber el horario de trenes de Córdoba a Madrid.

B: Por la mañana hay un electrotrén que sale de Córdoba a las 9.30 y llega a Madrid, a Chamartín, a las 14.30.

A: Ése me viene muy bien. Gracias.

Dos

A: El Ajete, dígame.

B: Buenos días. Quisiera reservar una mesa para cuatro para mañana por la noche.

A: ¿Para qué hora?

B: ¿A qué hora abren?

A: Empezamos a servir a las ocho y media y cerramos la cocina a las once y media.

B: Entonces para las nueve.

A: ¿A nombre de quién?

B: Lorenzo Serrano.

A: Muchas gracias, señor Serrano. Hasta mañana.

Tres

A: Cine Doré.

B: Por favor, ¿a qué hora empieza la última sesión?

A: A las diez cuarenta y cinco.

B: ¿Y a qué hora termina la película?

A: A la una menos veinte.

Cuatro

A: Museo del Prado.

B: Quisiera saber a qué hora abren el museo.

A: A las nueve.

B: ¿Y a qué hora cierran a mediodía?

A: No cerramos a mediodía. Estamos abiertos hasta las seis.

B: ¡Ah, muy bien! Gracias.

GRABACIÓN TRECE

Uno

A: ¿Cuánto es todo?

B: Mil trescientas cinco.

A: Aquí tiene.

Dos

A: Te habrá costado mucho.

B: No. Sólo doscientas setenta mil.

Tres

A: ¿Y con cadena de plata?

B: Con cadena de plata son quince mil novecientas.

Cuatro

A: El modelo turbo es un poco más caro.

B: ¿Cuánto?

A: Dos millones trescientas setenta mil.

Cinco

A: Es un sueldo muy bajo.

B: ¿Cuánto cobras?

A: Este mes he cobrado ciento cincuenta y cuatro mil trescientas.
B: Es poco.

Seis

A: Y cuando le preguntamos el precio, ¿sabes lo que dijo?
B: Una burrada.
A: Treinta y dos millones setecientas mil.
B: ¡Increíble! Por cuarenta y siete metros cuadrados.

GRABACIÓN CATORCE

Uno

A: Póngame dos kilos de naranjas. ¿A cómo están?
B: A ciento cuarenta el kilo.
A: Son un poco caras.

Dos

A: Sí, me gusta. Pero no sé... ¿Cuánto vale la blusa?
B: Treinta y dos mil quinientas. Es de seda.
A: ¿Y los pantalones?
B: Veintidós mil seiscientas noventa.

Tres

A: Éste es el que más me gusta.
B: Tiene calendario y es sumergible. Además tiene un año de garantía. Y un precio muy bueno. Quince mil seiscientas.

Cuatro

A: ¡Caramba, Antonio! Coche nuevo.
B: Sí, el otro me daba muchos problemas.
A: ¿De dónde has sacado el dinero? Estos coches son caros.
B: No te creas. Ha sido sólo un millón trescientas cincuenta mil.

GRABACIÓN QUINCE

España tiene una superficie de quinientos cuatro mil setecientos ochenta y dos kilómetros cuadrados, y una población de treinta ocho millones doscientos veinte mil habitantes. Su crecimiento demográfico actual es del uno por ciento, uno de los más altos de Europa. La esperanza de vida de la población al nacer es de setenta años para los hombres y setenta y seis años para las mujeres, correspondiendo a la media europea. El índice de alfabetización es del noventa y siete por ciento.

La capital de España es Madrid, con una población de tres millones doscientos mil doscientos treinta y cuatro habitantes. Sólo otra ciudad española supera el millón, Barcelona, con un millón setecientos cincuenta y cinco mil habitantes. Le siguen en importancia Sevilla, con seiscientos cincuenta y cuatro mil, y Zaragoza, con seiscientos mil. El español es el idioma oficial de todo el estado, aunque catalán, vascuence y gallego son también oficiales en sus respectivas comunidades autónomas. La religión

mayoritaria de la población es la católica. La moneda es la peseta, dividida en cien céntimos.

GRABACIÓN DIECISÉIS

La República de Cuba, situada en el Mar Caribe, ocupa una extensión de ciento veintiún mil cuarenta y seis kilómetros cuadrados, y cuenta con una población de diez millones de habitantes. Su crecimiento demográfico es del cero coma ocho por ciento, bajo en comparación con el resto de países latinoamericanos. La población tiene una esperanza de vida al nacer de setenta y un años para los hombres y setenta y cuatro para las mujeres, una de las más elevadas de América. Su índice de alfabetización, el noventa y seis por ciento, es el más alto de toda Latinoamérica.

La capital es La Habana, con dos millones catorce mil ochocientos habitantes. Santiago de Cuba, en el este de la isla, es la segunda ciudad en importancia, con quinientos sesenta y cinco mil habitantes. La tercera es Camagüey, con cuatrocientos ochenta mil.

El idioma oficial es el español, y la religión mayoritaria la católica. La moneda es el peso cubano, dividido en cien centavos.

UNIDAD 4.

GRABACIÓN DIECISIETE

Uno
Fue un combate muy bonito. El ruso salió a pegar fuerte, pero lo esquivé muy bien, y cuando se agotó, empecé a golpearle, pero sólo tocándole, sin hacer daño. Sólo para anotarme puntos.

Dos
Martín me dio un pase perfecto, pero no logré llegar y el balón salió fuera. Pero más tarde, Martín volvió a apoderarse de la pelota y me envió otro pase al que sí llegué. El pobre portero no pudo hacer nada. Fue un gol fácil.

Tres
No intento ser una campeona. Lo practico porque me relaja mucho. Practico braza y mariposa principalmente, pero sin preocuparme de los registros. Si llego la última en una competición, no me importa.

Cuatro
Pedí que me colocaran el listón a dos metros cinco. Lo tiré en el primer intento, pero en el segundo lo rebasé ampliamente. En-

tonces pedí que lo colocaran a dos ocho. Y al tercer intento volví a rebasar el listón. Había batido mi record personal.

GRABACIÓN DIECIOCHO

Uno

A: Buenos días. Perdone. Estamos haciendo un estudio sobre el tiempo libre. ¿Le importaría responder unas preguntas? Son sólo cinco minutos.

B: Bueno, pero cinco minutos. Tengo algo de prisa.

A: ¿Va usted al cine?

B: Pues sí, claro.

A: ¿Con qué frecuencia? ¿Una vez a la semana o más?

B: No, no, menos. Una vez al mes, aproximadamente.

A: ¿Y al teatro?

B: Muy poco. Casi nunca.

A: ¿Conciertos?

B: No, nunca.

A: ¿Exposiciones?

B: Muy raras veces. A veces voy a ver alguna, pero sólo si es muy importante, de ésas a las que va todo el mundo.

A: ¿Va a ver en directo algún espectáculo deportivo: fútbol o baloncesto, por ejemplo?

B: Ya no. Antes iba al fútbol casi todos los domingos.

A: ¿Y a restaurantes?

B: Sí, pero una vez al mes como mucho. ¡Están carísimos!

A: ¿Cuántos viajes de recreo hace usted al año?

B: En verano vamos a alguna playa quince días. Y fuera de eso, pues hacemos alguna excursión para ir a visitar sitios como la Ciudad Encantada, Toledo...

A: ¿Hay alguna otra actividad de diversión fuera de casa que haga usted con cierta regularidad?

B: Bueno, algunos domingos voy al hipódromo, a las carreras de caballos. Pero no asiduamente.

Dos

A: Perdona, ¿puedo hacerte unas preguntas? Es para estudiar cómo se divierte la gente fuera de casa.

B: Bueno

A: ¿Vas al cine?

B: Sí, claro.

A: ¿Con qué frecuencia? ¿Una vez a la semana o más?

B: Por lo menos una vez a la semana. Algunas semanas voy más veces. Depende de lo que pongan.

A: ¿Y al teatro?

B: Sí, pero menos que al cine. Como mucho dos o tres veces al año.

A: ¿Y a conciertos?

B: ¿De música clásica?

A: No, cualquier tipo de música.

B: Bueno, porque no voy nunca a conciertos de música clásica. Otro tipo de música..., pues sí, alguna vez he ido a un recital de algún cantante, pero, no es algo que haga con mucha frecuencia.

A: ¿Y exposiciones?

B: Sí, de vez en cuando voy a alguna exposición, pero no regularmente.

A: ¿Con qué frecuencia sales a comer o a cenar en restaurantes?

B: Casi todas las semanas; por lo menos el fin de semana siempre como o ceno alguna vez fuera de casa, pues con amigos. Restaurantes baratos.

A: ¿Vas a algún espectáculo deportivo con regularidad?

B: ¿Yo? Nunca. Creo que no he ido a ver ningún partido de ningún deporte en mi vida.

A: ¿Y viajes? ¿Cuántos viajes de recreo realizas al año?

B: Ah, pues unos cuantos. En Semana Santa y en verano siempre hago algún viaje largo. Luego hago muchos viajes cortos de fin de semana.

A: ¿Realizas alguna otra actividad de recreo con regularidad?

B: Pues sí, voy de copas todos los días con mis amigos, pero no sé si se puede considerar una actividad de recreo.

A: Hemos acabado. Muchas gracias.

GRABACIÓN DIECINUEVE

A: Bueno, a ver. ¿Qué vamos a hacer esta noche?

B: No sé. ¿Vamos al cine?

A: Vale. Pero podíamos comer algo primero.

C: Sí, buena idea. Tengo un poquito de hambre. ¿Por qué no vamos a ese restaurante italiano cerca de la plaza de España?

B: No, tardan mucho en servir y perdemos toda la noche.

C: Bueno, pues al chino de Barbieri.

B: Es igual. Si nos sentamos a cenar ya no podemos ir a ningún cine. Hay que comer rápido. ¿Por qué no vamos a La Segoviana? Nos tomamos unas raciones, unas cañas, y nos quedamos como nuevos.

A: ¡Estupendo! Y luego a hacer la digestión en el cine. ¿Con qué película queréis hacer la digestión?

B: Me han recomendado «Los siete samurais», una película japonesa.

C: ¡Ni hablar! Seguro que es en versión original con subtítulos.

B: Sí, claro.

C: No, gracias. Algo ligerito.

B: No sé. ¿Qué os parece «Uno de los nuestros»? Con Robert de Niro.

C: ¿De qué va?

B: Es un retrato de la Mafia en Nueva York.

C: Pero bueno, ¿todavía hacen películas de la Mafia en Nueva York? ¿Y alguien va a verlas?

B: Bueno, pues ¿qué te parece «La Casa Rusia»? Es de espías.

C: Estupendo. ¿Dónde la ponen?

B: En los Multicines Picasso.

C: Ah, eso está cerca de aquí.

A: Bueno, y después del cine, ¿qué?

C: Te dejamos elegir. ¿Qué quieres hacer?

A: Pues, ya descansados, tomar unas copas y mover un poco el esqueleto.

B: ¿Dónde?

A: Es igual. Ya lo decidiremos luego.

GRABACIÓN VEINTE

A: ¿Qué tal el fin de semana?

B: Muy bien, aunque un poco agotador.

A: ¿Qué hicisteis? ¿Salisteis fuera?

B: No, nos quedamos en Madrid. No me gusta salir los fines de semana. Hay mucho tráfico. Además, es cuando mejor está Madrid.

A: ¿Y qué hicisteis?

B: Te puedes imaginar. Con los niños. El sábado por la tarde nos fuimos a dar un paseo por el Retiro, y luego dimos un paseo en barca en el estanque. Me tocó remar todo el tiempo, claro. Luego nos sentamos en una terraza y nos tomamos unos helados. Es la única forma de que estén callados, comiendo.

A: Lo malo de los niños es por la noche. No poder salir.

B: ¡Qué va! Llamamos a la canguro y nos fuimos a cenar con unos amigos. Estaba el restaurante vacío. Cenamos de maravilla. Total, que nos acostamos a las tres de la mañana y a las ocho ya estaban dando la lata los niños. Les dijimos que íbamos a ir a la Casa de Campo y nos dejaron dormir una horita más. Así que por la mañana estuvimos en el parque zoológico y luego fuimos de picnic. Buscamos un sitio agradable, sacamos la tortilla que había preparado Julia y unos filetes empanados y a comer.

A: Y luego una siesta en el campo. ¡Qué rica!

B: Bueno, no pude dormir, pero descansé bajo un árbol. Y para rematar, nos fuimos al Parque de Atracciones. ¿Has subido a la Montaña Rusa?

A: Sí, ¡qué horrible!

B: ¡Horrorosa! Total, que con el calor y el polvo, llegué a casa todo sudoroso y reventado. Menos mal que los lunes son laborables.

UNIDAD 5.

GRABACIÓN VEINTIUNO

A: Oye, ¿tú has recorrido bien Latinoamérica?

B: Bueno, todavía me quedan algunos países por visitar.

A: Veamos. Has estado en Argentina, Chile...

B: Sí, conozco muy bien Argentina, Chile, Uruguay, Brasil, Perú. Pero no he estado nunca en Paraguay ni en Bolivia.

A: ¿De verdad?

B: Sí, y fíjate que he estado al lado.

A: ¿Y en Venezuela?

B: Sí, en Venezuela he estado bastante tiempo. Y también conozco muy bien Colombia, que además me encanta. La gente es muy amable.

A: ¿Y Ecuador?

B: Sí, también he estado en Ecuador. Y de América Central conozco Panamá, Costa Rica y Guatemala.

A: ¿Y México?

B: Naturalmente, cómo no voy a conocer México. Lo he recorrido desde la Península de Yucatán hasta la Baja California. Y también he estado en las islas; en Cuba, que es una maravilla, y en Puerto Rico.

A: ¡Qué envidia!

GRABACIÓN VEINTIDÓS

A: Una de las cosas que más me llama la atención es el vocabulario. Algunas palabras tienen muchísima gracia.

B: A mí me encanta cómo hablan. Por ejemplo, ¿sabes lo que es una pollera en Colombia?

A: Sí, una falda. Había una canción, ¿recuerdas? «La pollera colorá».

B: Efectivamente, una cumbia. Una palabra que me despistó al principio es «tinto». ¿Sabes qué significa en Colombia?

A: Ni idea.

B: En Colombia se utiliza para el café, es una taza de café solo.

A: ¡Qué curioso! O sea que entras en un bar en Colombia, pides un tinto y te dan un café solo, y si el bar está en España, te dan un vaso de vino. Oye, ¿y la palabra «gringo»? Nunca he sabido bien a quién se le puede aplicar. ¿Puedo ser yo un «gringo»?

B: Yo creo que no. Un gringo es un extranjero que no habla español. Un venezolano o un español, por ejemplo, no son gringos. Pero en México a ti te llamarían allí «güero». ¿Sabes por qué?

A: Ni idea.

B: Porque eres rubio. A los rubios, poco comunes en México, los llaman güeros.

A: Ya. Otras palabras que me hacen mucha gracia son «carro» y «saco».

B: Sí. La verdad es que nos resulta muy curioso llamar «saco» a la chaqueta o al abrigo, y llamar «carro» a un coche. Hay muchísimas palabras curiosas. ¿Sabes lo que significa «papas»?

A: Sí, claro. Patatas.

B: Y en algunas partes de Sudamérica al cerdo lo llaman «chancho».

A: ¡Ah! Fíjate. Desde luego el cerdo tiene muchísimos nombres en España: puerco, gorrino...

B: Guarro... También hay adjetivos muy curiosos. ¿A qué no adivinas qué significa «curado» en Chile?

A: No sé. Sano, a lo mejor.

B: Nada. Significa borracho.

A: ¡Qué curioso! Estoy «curado» ¡hip!

B: ¿Y «acomodado» en Perú? Por ejemplo, un restaurante acomodado.

A: Elegante.

B: No, barato.

A: Claro, se acomoda a todos los bolsillos...

GRABACIÓN VEINTITRÉS

Uno

Bueno, pues me levanto no muy temprano, a las ocho, según la hora a la que tenga la primera clase; soy estudiante. Cojo la guagua* para ir a la universidad y allí paso la mañana. Vuelvo a comer a casa y por la tarde estudio un poco, unas dos o tres horas, y luego salgo a dar una vuelta con los amigos. Suelo ir a la piscina cuando termino temprano y tres días a la semana voy al gimnasio.

    * guagua = autobús.

Dos

No me levanto muy temprano porque trabajo de dependienta en unos grandes almacenes y abren tarde, a las diez. Desayuno algo en casa, muy poco, un vaso de leche y unas galletas y luego desayuno mejor en el trabajo a eso de las doce. A mediodía vuelvo a comer a casa; vivo muy cerca de los almacenes y voy y vengo andando. Por la tarde trabajo hasta las ocho y luego salgo a pasear con las compañeras o vamos al cine, o algunas veces vamos a bailar.

Tres

No me levanto muy temprano, a las ocho. Me ducho, me visto y desayuno poco: café con leche y dos tostadas con miel o mermelada. Soy profesor de Ciencias en un instituto en las afueras de Madrid, y voy en coche. Es más caro que el transporte público, pero es algo más rápido y más cómodo. Trabajo sólo por las mañanas y regreso a comer a casa. Por las tardes estoy con los niños porque mi mujer trabaja. Entre semana no salimos mucho. Vemos un poco la televisión, muy poco, y leemos o preparamos las clases.

Cuatro

Me levanto bastante temprano, a eso de las seis. Desayuno normalmente café con leche y medias lunas*, o pan tostado con un poco de dulce de leche y manteca*. Vivo lejos del centro y tengo que tomar el colectivo* y el subte*; a veces voy en auto con algún amigo. Soy bancario y en el banco tenemos horario corrido, así que no voy a almorzar a casa; almuerzo en un restarán económico con los compañeros y comentamos el diario de la tarde para ver cómo pinta la cosa. Laburo* mucho y tengo poco tiempo libre. Tengo un club al lado de la casa y a veces paleteo un poco; es bueno para no echar panza.

    * media luna = cruasán; manteca = mantequilla; colectivo = = autobús; subte = Metro; laburo = trabajo.

Cinco

Yo me levanto a las seis de la mañana. Me baño. Tomo un desayuno, que generalmente es leche, también huevos en alguna forma, jugo de naranja y algún pan o algo. Yo soy maestra y después del desayuno salgo rapidísimo a tomar el autobús que se puede tardar mucho, hasta una hora, y si me voy en coche sólo se puede tardar quince minutos. Bueno, yo ahí me paso toda la mañana hasta las dos de la tarde. De ahí salgo, como en algún restaurante porque voy a otra escuela por la tarde, y ahí doy clases en una secundaria. Después regreso a mi casa generalmente como a las nueve de la noche. Luego los fines de semana arreglo un poco la casa, voy al mercado o al supermercado de compras. Y bueno, si me da tiempo puedo aprovechar para hacer alguna otra actividad recreativa que puede ser ir al cine, o ver alguna obra de teatro o alguna cosa de éstas.

Seis

¡Qué locha!* Suena el despertador y empieza a pasar el día. Luego de desayunar salgo con afán pues la buseta* se demora unos cuarenta y cinco minutos hasta el centro. La mañana pasa como de costumbre, visitando clientes y, de vez en cuando, tomando algún tinto* o periquito*. Al llegar el almuerzo lo mejor es un buen plato de sancocho*, con arepas*, eso sí, y acompañados de jugo de guanábana para coger fuerzas y así poder continuar la tarde. A las cinco y media el tráfico está imposible y volver a la casa es todo un lío. Las busetas y los carros* provocan trancones increíbles. Por fin llego a casa, a eso de veinte para las siete o un cuarto para las siete. Me espera la comida y una buena charla. Y luego, pues, leyendo un libro o simplemente viendo tebe se va acercando la noche y con ella el sueño.

    * ¡Qué locha! = ¡Qué fastidio!; buseta = autobús de transporte colectivo; tinto = café solo; periquito = café cortado; sancocho = olla de carne, yuca, plátano y otros ingredientes; arepas = panes redondos de maíz; carros = coches privados.

GRABACIÓN VEINTICUATRO

A: ¿Qué tal te va en España, Liliana? ¿Lo encuentras muy diferente?

B: Bueno, hay algunas diferencias muy chocantes.

A: ¿Sí?

B: Sí; mirá, por ejemplo, la diversidad de apellidos en Argentina es muy significativa: Menotti, Brown, Gravendorf, Pérez. Te indican lo diferente que es la gente allá, ¿no? De origen italiano, inglés, alemán, español. Ahí hay de todo; hay incluso japoneses, chinos, judíos, árabes.

A: Hombre, aquí en España tenemos orígenes árabes y judíos, pero no hay mucha población de origen extranjero moderno.

B: ¡Ah! Allá todos somos de origen extranjero.

A: ¿Y el clima? Supongo que será muy diferente. Hará más frío en España.

B: Bueno, en Argentina hay todo tipo de climas; es un país muy largo, son cuatro mil... sí, cuatro mil quinientos kilómetros de largo, de manera que hay mayor variedad de climas que en España: podés encontrar desde climas tropicales hasta zonas, bueno, de frío polar. Ahora Buenos Aires en verano es como Barcelona, muy húmedo y muy caluroso. Eso sí, allá el verano es en enero y en febrero.

A: ¡Ah, claro, claro! Argentina está en el hemisferio sur y España en el norte y las épocas del año las tienen cambiadas. Entonces vosotros celebráis la Navidad en verano.

B: Claro, claro.

A: Ya. ¿Y lo celebráis de manera muy diferente?

B: No, la Navidad es una fiesta familiar, como en España, y el Fin de año, bueno, se sale a alguna fiesta, a divertirse. Lo único característico es que hace mucho calor, ¿no? Lo que sucede es que en Navidad, al igual que la gente, allá se da una mezcla de tradiciones europeas: se come turrón español, se come pavo, que es una costumbre de Centroeuropa, y se bebe mucha sidra y mucho champán.

A: Ya, ya. En España hay quien come pavo, pero lo normal es comer cordero o besugo.

B: Lo curioso de estas fiestas es que cuando acaban comienza la vacación larga. Enero y febrero, como te puedo explicar, son como julio y agosto en España. En febrero no trabaja nadie.

A: Caramba, ¡qué curioso! ¡Vacaciones de verano en febrero! Oye, ¿y las comidas? ¿Las encuentras muy diferentes aquí?

B: La principal diferencia es que en Argentina sabrás que se come mucha más carne que aquí. Ochenta y cinco o noventa kilos de carne per cápita al año. Bueno, y pescado, te digo que se come menos de un kilo.

A: Aquí se come más pescado. En España es mejor que la carne. Y mucha fruta.

B: Allá también se come bastante fruta. Y pasta. Se come muchísima pasta también.

A: He notado que, aparte del acento, hay algunas diferencias en la manera de hablar.

B: Bueno, sí, nosotros no empleamos ni «tú» ni «vosotros», nos parecen anticuados. En lugar del «tú» empleamos el «vos».

A: Que a nosotros nos parece arcaico.

B: Claro. Y si es un trato formal usamos «usted». Y luego para el «vosotros» usamos «ustedes».

A: Es muy diferente. También he notado que has dicho «podés» en lugar de puedes.

B: Ah, sí. Nosotros decimos «vos podés», «vos querés».

A: Y nosotros tú puedes, tú quieres. El «podés», «querés» nos suena así como un poco extraño.

UNIDAD 6.

GRABACIÓN VEINTICINCO

Uno. «Iberia anuncia la salida de su vuelo siete seis ocho a Río de Janeiro y Lima. Embarque puerta veinticinco.»

Dos. «Próxima llegada del tren rápido procedente de Cádiz y Málaga. El tren hará su entrada en vía siete.»

Tres. «Tren talgo, con destino Barcelona, con salida prevista a las doce horas, se encuentra situado en vía once.»

Cuatro. «Llegada del vuelo de Airfrance ocho siete seis procedente de París.»

Cinco. «Iberia anuncia retraso en la llegada de su vuelo siete seis cuatro procedente de Caracas.»

Seis. «Talgo pendular procedente de Atocha, con destino Gijón, está efectuando su entrada en vía seis.»

GRABACIÓN VEINTISÉIS

A: ¿Dónde empezasteis el viaje?

B: Bueno, de México volamos a Londres porque era más barato que a España. Entonces aprovechamos para recorrer un poco Europa antes de venir aquí.

A: ¿Qué países habéis visitado?

B: Primero Inglaterra, claro. Visitamos Londres, Oxford y Cambridge. Son unas ciudades preciosas. Nos pareció un país bonito, tranquilo, con mucha tradición. Luego fuimos a Escocia, el país de los castillos y de los fantasmas y pasamos un par de días en Edimburgo.

A: ¿Os gustó?

C: Es una ciudad de cuento, y los escoceses son muy simpáticos, muy amables.

A: ¿Qué otros países habéis recorrido?

B: Bueno, luego fuimos a Holanda, pero sólo visitamos Amsterdam. Desde allí tomamos el tren y viajamos por Alemania, Checoslovaquia, Austria...

A: ¿Qué os pareció Alemania?

C: Bueno, prácticamente no vimos nada. Sólo el paisaje desde el tren. Bien, pero no me entusiasmó.

B: A mí lo que más me gustó fue Praga. Tiene mucho encanto, con unas calles y unas plazas preciosas.

A: ¿Y Viena?

B: Grandes monumentos y grandes edificios, pero algo fría. Muy tranquila, eso sí.

A: ¿Iríais a Italia?

C: Por supuesto. Hemos estado en Venecia, Florencia y Roma. ¡Qué país! Hay arte por todas partes. ¡Y qué bien se come!

A: ¿Y qué os ha parecido Francia?

B: Todavía no hemos ido. De Roma volamos directos a Barcelona.

GRABACIÓN VEINTISIETE

B: Y tú, ¿has estado en Sudamérica?

A: Sí, he visitado Perú, Bolivia, el norte de Chile y Cuba.

B: ¿Cuándo estuviste en Perú?

A: Hace ya unos diez años. Me gustó muchísimo. Me pareció un país muy interesante.

B: ¿Sí? ¿Y a qué partes fuiste?

A: Hice un recorrido por el sur con unos amigos. Salimos de Lima en tren hacia Huancayo, en la sierra.

B: ¿Y qué tal?

A: ¡Uf! Nos mareamos todos.

C: Todos los forasteros se marean; es porque se pasa en muy poco tiempo de la presión de la costa a la presión de la sierra, y les falta el aire o algo así, ¿no?

A: Luego en Huancayo cogimos un autocar a Ayacucho. El autocar era viejísimo, con los asientos muy estrechos y con gente de pie en los pasillos. Y sacos y cajas y de todo. El viaje duró catorce horas. Fue un viaje horrible. Muy divertido, aunque horrible.

B: ¿Qué te pareció Ayacucho?

A: Precioso. Tiene unas casas coloniales muy bonitas, y la gente es muy agradable. Estuvimos tres o cuatro días y luego seguimos el viaje hacia Cuzco. Esta vez cogimos el avión. En autocar eran dieciséis horas y en avión no tardamos ni una hora.

C: ¿Y qué? ¿Qué me dices de Cuzco?

A: Muy interesante. Fuimos al mercado de Pisac, donde bajan los indios quechuas a comprar y vender, con sus trajes típicos.

C: ¿Y fuiste también al Machu-Picchu?

A: Sí, cómo no. Cogimos el tren hasta Aguascalientes, al pie del Machu-Picchu. Tuvimos que dormir al aire libre porque en Aguascalientes no hay hoteles ni pensiones ni nada. Pero fue extraordinario despertar por la mañana en medio de esas montañas. No sé si sabéis que se llama Aguascalientes porque hay un manantial de aguas termales con una pequeña piscina. ¡Menudo baño me di a las siete de la mañana! Luego subimos a pie hasta el Machu-Picchu y pasamos todo el día entre las ruinas. Fue una experiencia muy interesante.

B: A mí me pareció muy impresionante Machu-Picchu. Tiene, no sé, cierto misterio.

C: ¿Y todavía siguieron hacia el sur?

A: Sí, de Cuzco cogimos el tren hasta Puno, a orillas del lago Titicaca. Puno no nos pareció nada interesante y al día siguiente continuamos el camino hacia Bolivia. Hicimos noche en Copacabana, en la frontera boliviana. Y aquí visitamos el santuario de Nuestra Señora de Copacabana, algo muy curioso. Había una especie de brujo rezando en latín, en español y en una lengua india, quechua, creo. Rezaba para que una pareja tuviera su casa, o se comprara un coche. Y cuando acababan, se bebían unas botellas de cerveza. Fue increíble.

B: ¡Hicieron un viaje muy interesante!

A: Pues sí. Aunque a partir de aquí nos fuimos relajando. En Copacabana cogimos un autocar hasta La Paz; el viaje fue normal. En La Paz cogimos un tren muy moderno hasta Arica, en el norte de Chile. Y desde Arica ya viajamos en autocares rápidos y modernos por la carretera transamericana. Primero fuimos a Arequipa, una ciudad colonial preciosa, con un volcán nevado al fondo, el Misti. Y desde allí regresamos directamente a Lima, agotados.

B: ¿Te gustaría volver?

A: Me encantaría.

GRABACIÓN VEINTIOCHO

Uno

A: Perdone. ¿Habla usted español?

B: Sí, claro. Soy argentino.

A: ¿Está usted de turismo en España o reside usted aquí?

B: No, no vivo acá. Estoy visitando España.

A: ¿Alguna otra razón para su viaje a España?

B: No, puro turismo.

A: ¿Cuánto tiempo va a estar en España?

B: En total tres semanas. Aquí en Madrid estaré una semana.

A: ¿Qué le ha parecido Madrid?

B: Bueno, es una ciudad muy linda, tiene cosas bárbaras*, y la gente es macanuda*, pero algunas partes están muy descuidadas, muy sucias. Y hay coches por todas partes.

A: ¿Ha visitado alguna otra zona de España?

B: No, recién llegué. Hace un par de días.

A: ¿Tiene intención de visitar otras partes?

B: Sí, naturalmente. Quiero visitar Andalucía, Córdoba, Granada, Sevilla. Y también algo del norte: Santander y Asturias.

A: ¿Qué es lo que más le ha gustado de España?

B: Bueno, no llevo más que dos días. Me gusta el bullicio, el ruido de la vida en la calle. Pero no me gustaría si viviera aquí.

E: ¿Y qué es lo que menos le ha gustado?

T: Es pronto para hablar todavía.

E: Muchas gracias. Y feliz estancia en España.

T: Gracias.

   * bárbaras = muy bonitas; macanuda = extraordinaria, estupenda.

Dos

A: Perdone. ¿Habla usted español?

B: Sí. Soy colombiana.

A: ¿Está usted en España por turismo o vive aquí?

B: No, estoy conociendo.

A: ¿Cuánto tiempo va a estar en España?

B: Un mes más o menos.

A: ¿Qué le ha parecido Madrid?

B: Me encanta. Me recuerda mucho a Cartagena.

A: ¿Ha estado en otras partes de España?

B: Sí, he estado en Galicia, en Santiago de Compostela. Y en Burgos, viendo la catedral.

A: ¿Va a visitar otras ciudades?

B: Sí, quiero visitar Toledo y El Escorial. Y luego quiero ir también a Barcelona.

A: ¿Qué es lo que más le ha gustado de España?

B: La gente. Me parecen muy simpáticos los españoles.

A: ¿Y lo que menos?

B: El calor. Es muy molesto cuando uno está viajando.

A: Muchas gracias y feliz estancia.

B: Gracias.

UNIDAD 7.

GRABACIÓN VEINTINUEVE

A: Bien, los años son 1940, 1965 y 1984.

B: De acuerdo. Veamos. 1940. ¿Fue el año en que naciste?

A: Pero bueno, ¿cuántos años te crees que tengo?

C: Entonces, tuvo que ser el año en que se casaron tus padres.

A: Tampoco, pero estás más cerca.

B: ¿Tiene que ver con tus padres?

A: Sí, y conmigo, naturalmente.

C: Fue el año en que se conocieron.

A: Efectivamente. Luego se casaron, después nació mi hermana y más tarde nací yo.

B: Vale. Ahora 1965. No sé exactamente cuándo naciste, pero supongo que por esa fecha tendrías que tener entre catorce y dieciocho años.

A: Muy bien.

B: Quizá fue el año en que empezaste a trabajar.

A: No.

C: El año en que entraste en la universidad.

A: Tampoco.

C: Tiene que ser el año en que empezaste algo, o que hiciste algo por primera vez.

A: Efectivamente.

B: El primer beso a una chica.

A: No, pero estás muy cerca.

C: La primera novia.

A: Sí, la primera chica con la que empecé a salir como si fuera mi novia. Todo muy inocente, claro.

C: ¿Te acuerdas de cómo se llamaba?

A: Ni idea.

C: ¿Y de cómo era?

A: Muy vagamente.

B: Bueno, al grano. 1984. Esto es relativamente reciente. ¿Fue algo bueno o algo malo?

A: ¡Malísimo!

C: Ya está. Es obvio. Fue el año en que te casaste.

A: Muy lista. ¿Cómo lo has adivinado tan rápidamente?

C: Cuando decís que una fecha fue mala siempre os referís a lo mismo. ¡Machistas!

GRABACIÓN TREINTA

Uno

Ya sabéis que soy muy tranquilo, pero cuando me pongo nervioso no sé lo que digo. Bueno, pues el día de mi boda, en la iglesia, llegó la novia y fuimos al altar. Llegó el momento en que tenía que decir que aceptaba a María por esposa y digo muy tranquilo: «Yo, María Santos, tomo por esposa a Marcos Álvarez». Empecé a oír risas; miré al cura; tenía una cara de asustado tremenda. Entonces me di cuenta de lo que había dicho y me dieron ganas de salir corriendo. Pero me tranquilicé y repetí: «Yo, Marcos Álvarez, tomo por esposa a María Santos». Luego estuvimos riéndonos durante meses.

Dos

La playa de San Juan, en pleno mes de agosto, es como una estación de metro en hora punta, llena de gente. Pues llego yo, dejo la toalla en la playa y me meto en el agua. Estuve nadando un rato y cuando voy a salir, me doy cuenta de que he perdido el traje de baño. Miré por todas partes, pero no lo encontré. La verdad es que podía haber hecho muchas cosas, pero en aquel momento no se me ocurrió otra que ponerme una mano delante y otra detrás y atravesar la playa totalmente rojo hasta donde tenía la toalla. En mi vida he sentido tanta vergüenza.

Tres

Estaba yo de viaje con otra amiga por Alemania, no teníamos mucho dinero y se nos ocurrió una forma de ahorrar: una alquilaba una habitación y nos metíamos las dos. Encontramos un hotel pequeño, mi amiga alquiló una habitación individual, y en un momento de descuido del dueño, me metí yo. A la mañana siguiente mi amiga se vistió para bajar a desayunar y yo me quedé en la cama. De repente, oí un ruido en la cerradura. Algo me decía que no podía ser mi amiga y rápidamente me metí debajo de la cama y me quedé quieta, inmóvil, con la cara pegada al suelo. Dejé de oír ruidos y pensé que se había marchado, cuando de pronto veo una cara muy alemana pegada al suelo, mirándome fijamente con malos ojos. Salí de debajo de la cama, puse cara de disculpa, recogí mi ropa y salté por la ventana. ¡Qué golpe me pegué! Menos mal que era un primer piso.

GRABACIÓN TREINTA Y UNO

A: ¿Has vuelto por Llanes?

B: No, ¿y tú?

A: Tampoco.

B: ¡Qué bien nos lo pasamos aquella vez! Lástima que hiciera tanto frío.

A: ¿Frío? Si hizo un calor tremendo. Fuimos a la playa casi todos los días.

B: ¡Qué va! Queríamos ir a la playa, pero no pudimos ir precisamente por el frío.

A: A mí me parece recordar que hizo mucho calor.

B: No, hombre, no. Hizo mucho frío en todo el norte.

A: No sé. Pero yo creo que Juan se puso malo por el sol. Le dio una insolación.

B: Que no, hombre. Comió algo que le sentó mal.

A: ¿Dónde? ¿En el restaurante ese que fuimos una noche? ¡Qué malo era! No me extraña que le sentara algo mal.

B: No, hombre, no. Fue en casa. El restaurante era muy bueno. Nueva cocina gallega. Era exquisito.

A: ¡Qué va! Era muy malo. Y estaba muy sucio. ¿No te acuerdas que alguien devolvió la comida porque el plato estaba sucio?

B: No, en ese restaurante no fue. Nos gustó a todos. A ti también. Yo creo que te confundes.

A: En fin, no sé. A mí me parece recordar que era muy malo.

B: ¿Te acuerdas de Rosa y Alberto? La pareja que estaba en el apartamento de al lado?

A: ¿Apartamento? Pero si estuvimos en un camping.

B: No, hombre, no. Alquilamos un apartamento.

A: ¡Que no! De esto me acuerdo perfectamente. Estuvimos en un camping junto a la playa.

B: Pero bueno. Tú, ¿de cuándo estás hablando?

A: De hace dos años, de cuando fuimos a Asturias, a Llanes. De cuándo va a ser.

B: Pues yo creo que te confundes.

A: Que no. Si es la única vez que he estado allí y la única vez que he veraneado con vosotros.

GRABACIÓN TREINTA Y DOS

A: Mira, qué suerte. Ahí llega Juan. Ya verás como tengo razón. Juan, ven, siéntate.

C: ¿Qué pasa? Os veo muy acalorados.

B: Rafa, que no se acuerda nada de cuando estuvimos en Llanes.

A: La que no te acuerdas eres tú. ¿A que hizo mucho calor, Juan?

C: Pues claro. Acuérdate que todo el mundo decía que era el verano más caluroso de los últimos cincuenta años. Si casi no había agua.

A: ¿Qué? ¿Quién tenía razón?

C: Acuérdate que me dio una insolación, Marisa.

B: Me acuerdo que te pusiste enfermo, pero creía que había sido por algo que comiste.

C: No, fue el sol.

A: ¿Y te acuerdas que salimos a cenar una noche, a un restaurante que nos recomendaron?

C: Sí, claro que me acuerdo.

A: ¿Y te acuerdas que era muy malo y que estaba bastante sucio?

C: ¿Malo? Era un restaurante exquisito. Cenamos de maravilla.

B: ¿Ves? Si a ti también te gustó.

C: Y a esa pareja que estaba en el apartamento de al lado, ¿cómo se llamaban?

B: Rosa y Alberto.

A: ¡Pero qué apartamento, ni que nada! No os acordáis que estuvimos en un camping.

C: Imposible. Yo no he estado en un camping en mi vida.

A: Yo ya no entiendo nada. ¿Cómo me llamo?

B: ¿Es que no lo sabes?

A: Yo ya no sé nada.

GRABACIÓN TREINTA Y TRES

«... aquí van las diez preguntas de esta semana. Primera pregunta: ¿En qué mes comenzó la Segunda Guerra Mundial? Deben decirnos el mes. Segunda pregunta, muy sencillita: ¿Cómo se llamaban las carabelas en las que llegó Colón a América? Tercera pregunta: ¿Contra qué país luchó la coalición internacional en la Guerra del Golfo? Cuarta pregunta; una pregunta que todos podrán responder: ¿Qué presidente norteamericano fue asesinado en Dallas en 1963?

Nos vamos a Asia para la quinta pregunta: ¿Cómo se llamaba el avión desde el que se lanzó la primera bomba atómica sobre Hiroshima? Sexta pregunta, seguimos en Asia: ¿Qué país invadió China en 1931?

Séptima pregunta: ¿Qué país europeo se dividió en dos al acabar la Segunda Guerra Mundial y se ha vuelto a unificar recientemente?

Octava pregunta: ¿En qué país se produjo la «Revolución de los claveles» en 1973? Fue un país europeo.

Las dos últimas preguntas, como siempre, sobre España. Novena pregunta: En el año 1986, España ingresó en una organización internacional. ¿En qué organización? Finalmente, la pregunta número diez; una pregunta muy facilita para terminar: ¿En cuántas comunidades autónomas está actualmente dividida España?

Les deseamos mucha suerte con las respuestas, y ya saben, envíenlas en un sobre cerrado a...»

UNIDAD 8.

GRABACIÓN TREINTA Y CUATRO

Uno

Es muy sencillo. Primero miras si está enchufado el ordenador. Si no está enchufado, lo enchufas. Metes el diskete del sistema operativo en la boca c, la de la derecha, y lo enciendes. Enciendes el monitor y cuando te sale c «prompt» en pantalla...

Dos

Es muy fácil. Coja Martínez Campos, suba hasta la glorieta de Iglesia, siga por Eloy Gonzalo, todo Eloy Gonzalo abajo hasta llegar a la glorieta de Quevedo, y la calle de la izquierda es Fuencarral.

Tres

Y recuerden, si quieren participar en nuestro concurso «La gallina de los huevos de oro» y ganar mucho, pero que mucho dinero, no tienen más que enviar un sobre de la deliciosa sopa «Sopichup» al apartado de correos 45.546 de Barcelona.

Cuatro

A: Oye, ¿tú sabes cómo se mete la película?
B: Sí, mira. Tienes que colocar aquí la lengüeta y cierras la cámara. Ella sola hace avanzar la película.
A: ¿Y luego?
B: La cámara es automática. Sólo tienes que mirar por el visor y apretar el disparador. Si no hay luz suficiente se dispara el flash de manera automática.

Cinco

Por favor, escriban su nombre en la parte superior de la hoja. Recuerden que no pueden hablar con sus compañeros; si tienen alguna duda, pueden preguntarme a mí. Cuando yo les indique, pueden ustedes comenzar el examen.

Seis

Pele primero las patatas y córtelas en láminas finas. Añada sal. Ponga abundante aceite en la sartén...

GRABACIÓN TREINTA Y CINCO

Hoy vamos a dar una receta para principiantes, muy conocida por la mayoría de las amas de casa: tortilla de patatas. Para una tortilla para cuatro personas se necesita medio kilo de patatas, media cebolla y dos o tres huevos.

Pele primero las patatas y córtelas en láminas finas, como para patatas a la inglesa. Eche sal a las patatas. Ponga abundante aceite en la sartén y cuando esté bien caliente eche las patatas. Mientras se fríen, bata bien dos huevos grandes o tres pequeños hasta que el huevo quede bien suelto. Añada un poco de sal al huevo. Cuando estén fritas las patatas, sáquelas de la sartén y mézclelas con el huevo. Conviene dejar reposar todo un poco para que las patatas se empapen de huevo. Caliente una gota de aceite en la sartén y eche toda la masa de patata y huevo. Cuando haya cuajado dé la vuelta a la tortilla y vuelva a echarla en la sartén. Déjela hasta que esté bien dorada y sáquela en un plato limpio, lista para servir.

GRABACIÓN TREINTA Y SEIS

Uno

A: Por favor, ¿la calle Modesto Lafuente?
B: Sí. Suba por Santa Engracia hasta la glorieta de Iglesia. Tiene que cruzar a la otra acera de Santa Engracia. Baja por Martínez Campos y Modesto Lafuente es la primera, no, no, la segunda a la izquierda, pasado el cine Amaya.
A: Gracias.

Dos

A: Por favor, ¿sabe dónde está la glorieta Álvarez de Castro?
B: Sí. Mira. Bajas por aquí, por Luchana, hasta la calle Trafalgar. Es la primera calle ancha. Coges Trafalgar hasta el final, hasta que llegas a Eloy Gonzalo. Cruzas Eloy Gonzalo y esa calle es Álvarez de Castro. Sigues, y a unos cien metros tienes la glorieta. Es muy fácil.
A: Gracias.

Tres

A: ¿La calle San Mateo, por favor?
B: Está un poco lejos. Tiene que bajar por Santa Engracia, cruzar Alonso Martínez y bajar por la plaza de Santa Bárbara, por la acera derecha. Cruza Mejía Lequerica y la calle de enfrente es San Mateo.
A: ¡Uf! Es un poco difícil. Muchas gracias.

Cuatro

A: Por favor, ¿puede indicarme dónde está la calle Sagunto?
B: Sí, sube por aquí, por Santa Engracia, y es la tercera a la izquierda.
A: Gracias.

GRABACIÓN TREINTA Y SIETE

Uno

A: Por favor, ¿sabe dónde está el Museo Sorolla?
B: Sé que está por aquí, pero no puedo decirle.
A: Perdone, ¿sabe dónde está el Museo Sorolla?
C: Sí, está en Martínez Campos. Suba por Santa Engracia hasta Iglesia, la glorieta del Pintor Sorolla. La de la derecha es Martínez Campos. Baja por la acera de la izquierda y el Museo Sorolla está a unos cien metros, después de pasar Zurbano, me parece.
A: Muchas gracias.

Dos

A: Perdona, ¿sabes si hay por aquí alguna oficina de Correos?
B: Sí, hay una en la calle Alburquerque, esquina Fuencarral. Baja por Luchana hasta el final y allí coge Fuencarral a la derecha y ya la verás. Está en la calle Alburquerque.

Tres

A: Perdone, estoy buscando la sede de la Cruz Roja. Me han dicho que estaba entre Chamberí y la Castellana.

B: Sí, cruce la plaza de Chamberí y baje por el paseo de Eduardo Dato hasta la glorieta de Rubén Darío. Creo que está cruzando la glorieta, en la acera derecha.

Cuatro

A: Por favor, ¿el hotel Trafalgar? Sé que está por aquí.
B: Me parece que está en la calle Trafalgar, cerca de Luchana. Mire, baje por Luchana y la tercera a la derecha es Trafalgar. Tiene que ir hasta el final, pasando la glorieta, y hay un hotel a la izquierda, casi esquina con Eloy Gonzalo.
A: Muchas gracias.

GRABACIÓN TREINTA Y OCHO

«El petróleo es una fuente de energía cara para nuestro país. El Ministerio de Industria le propone algunos consejos para ahorrar energía en el transporte cotidiano. En primer lugar, deje su coche en casa cuando no lo necesite y utilice el transporte público: metro, autobús o tren de cercanías. Piense que el consumo de energía de un autobús con sesenta personas es el mismo que el de tres coches particulares sólo con el conductor.

Si necesita utilizar el coche, téngalo siempre a punto. Un coche a punto consume menos combustible.

En ciudad conduzca suavemente. Si está continuamente acelerando y frenando, el coche consume más gasolina. Y si tiene que estar parado durante más de dos minutos, apague el motor. Es más económico volver a arrancarlo.

En carretera, vigile la velocidad. Procure no superar los 90 kilómetros. Ahorrará combustible y viajará con mayor seguridad.

Y por último, vigile la presión de los neumáticos. Los neumáticos poco inflados aumentan la resistencia a la carretera y aumentan el gasto de gasolina. Recuerde, su ahorro es energía para el país.»

GRABACIÓN TREINTA Y NUEVE

Regule la calefacción

Una temperatura de 20° C es suficiente para mantener el confort en su casa. Cada grado que aumenta la temperatura incrementa el consumo en un 5%.

Ponga a punto su sistema de calefacción

La revisión periódica de su sistema de calefacción le hará ahorrar energía; piense que sólo la limpieza o sustitución de los quemadores una vez al mes supone un ahorro del 8%.

Cierre herméticamente las ventanas

Utilice elementos que aíslen su casa del frío externo (burletes, etcétera) a fin de no perder calor.

Aproveche las horas de sol

Aproveche la energía del sol. Levante las persianas, descorra las cortinas y permita que el sol caliente su casa. Haga la operación inversa cuando el sol se ponga.

Evite derrochar agua caliente

Ducharse en vez de bañarse supone consumir cinco veces menos agua caliente. No deje correr el agua caliente; ponga tapones en fregaderos y lavabos.

UNIDAD 9.

GRABACIÓN CUARENTA

Uno

A: Este verano queremos salir de España. A ver qué nos ofrece.
B: ¿Por qué no van al Caribe?
A: No, no me gusta mucho el avión. Algo en Europa.
B: Tenemos un viaje precioso a Italia, en autocar, en hoteles de primera categoría, y con todo incluido, todas las comidas.

Dos

A: Sí, el vuelo es en avión de línea regular. Luego, los viajes dentro del país son en avión o en tren, depende de las distancias.
B: ¿Qué otros gastos habría?
A: Prácticamente ninguno. El precio incluye todos los viajes, el hotel, las comidas, las visitas. Sólo tiene que pagar 3.500 pesetas por el visado.

Tres

A: ¿Qué fechas tienen?
B: Bueno, puede usted salir cualquier día entre el 1 de abril y el 30 de junio. Si quiere aprovechar la oferta tiene que salir antes del 30 de junio.
A: ¿Y qué hotel me recomienda?
B: Son todos buenos. El Roosevelt es barato y está bastante bien.
A: ¿Incluyen desayuno?
B: No, comidas no se incluye ninguna.

Cuatro

A: ¿Y cuántos días son?
B: La estancia es de quince días, seis en una isla y nueve en la otra.
A: ¡Ah, eso está bien! Lo que no nos gusta es tener que comer en los hoteles.
B: Eso no es ningún problema. Cogen ustedes el régimen de alojamiento y desayuno, y comen y cenan por su cuenta donde quieran ustedes.

GRABACIÓN CUARENTA Y UNO

Uno

A: Buenos días.

B: Buenos días.

A: Quería informarme de vacaciones para las Islas Baleares.

B: Tenemos dos programas, uno en Mallorca y otro en Ibiza.

A: Prefiero Mallorca. Queremos ir en agosto.

B: Tenemos dos programas, uno de quince días, catorce noches, y otro de ocho días, siete noches. El alojamiento es en hoteles de tres estrellas en Palma, en régimen de pensión completa.

A: ¿Y el avión?

B: El precio incluye todo, avión, traslados entre el aeropuerto y el hotel, pensión completa, guías y un seguro de viaje.

A: ¡Ah, muy bien! ¿Y el precio?

B: En agosto, ¿verdad? Bien, si viaja antes del diez de agosto, los quince días son cincuenta y siete mil pesetas, y ocho días cuarenta mil pesetas, todo incluido. Y si viaja después del día diez, es más barato. Quince días cincuenta y una mil, ocho días, treinta y cinco mil.

A: Está bien. ¿El hotel está cerca de la playa?

B: El hotel está en la ciudad de Palma; la playa más próxima está a unos dos kilómetros, pero hay autobuses.

A: Eso me gusta menos.

B: Pero por las noches es más agradable pasear por Palma.

Dos

A: Hola. Buenas tardes.

B: ¿Qué tal, doña Marta? ¿Qué le trae por aquí?

A: Vengo a ver qué nos recomienda para este verano.

B: ¿Qué tipo de viaje quiere?

A: Un viaje bonito para ver algo, pero tranquilo.

B: Tengo un programa estupendo para ustedes. Diez días en Viena y Praga. Están seis días en Viena y cuatro en Praga, paseando y viendo cosas interesantes.

A: ¿Y el viaje?

B: Comodísimo. En avión de Madrid a Viena. Y de Viena a Praga, en un autocar de lujo. No se enteran del viaje.

A: ¿Y cuándo puede ser?

B: ¿Cuándo le interesa?

A: Pues en julio.

B: Tenemos salidas todos los sábados.

A: ¿Y los hoteles?

B: Hoteles de primera. En Austria los hoteles son muy buenos. El precio es también buenísimo. Noventa y una mil pesetas por persona, en régimen de alojamiento y desayuno.

A: ¿No están incluidas las comidas?

B: No. Así no tienen que seguir un horario fijo y pueden comer o cenar donde quieran.

A: Sí, pero nosotros sólo hablamos español. ¿Cómo nos vamos a entender?

B: ¿No saben ustedes nada de inglés?

A: Ni una palabra.

B: Bueno, le podemos decir al guía nuestro que les ayude, que les busque una carta en español.

A: Eso es un problema.

GRABACIÓN CUARENTA Y DOS

A: Bueno, a ver si este año nos decidimos rápidamente. Que luego está todo lleno.

B: ¿Adónde os gustaría ir? ¿Queréis viajar, descansar?

C: ¿Por qué no vamos a Ibiza?

A: ¿En agosto? Tú estás loco, Juan. Está lleno de gente y es todo carísimo.

C: Ya, pero a mí me gustaría ir a algún sitio donde pudiera tomar el sol.

B: A mí los sitios de playa me parecen muy aburridos. Es siempre igual, por el día a la playa y por la noche a la discoteca. A partir del tercer día me aburro. Me gustaría ver algún país nuevo. No sé, ¿qué os parece Dinamarca? Un país diferente.

C: Ni hablar. Menudo verano. Creo que en Dinamarca llueve todos los días. Yo ahí no voy.

A: Bueno, podemos intentar combinar un país con sol, y que sea algo diferente. ¿Por qué no vamos a Grecia?

C: Buena idea. Sol, playa, vino. Me parece estupendo.

A: ¿Qué te parece, Rafa? Tiene que ser interesante.

B: De acuerdo. Siempre he tenido ganas de ir a Grecia, desde que estudiaba griego clásico en el Instituto.

A: Fenomenal. Ahora a ver si encontramos alguna buena oferta.

GRABACIÓN CUARENTA Y TRES

B: Viajes Eurotour, dígame.

A: Hola. Llamaba por el anuncio de las vacaciones en Creta.

B: Ah, sí.

A: Quería preguntarle varias cosas. El vuelo, por ejemplo, ¿es vuelo regular o charter? ¿Y es directo o hace alguna escala?

B: Es un vuelo regular directo con Olympiakis, las líneas aéreas griegas.

A: Bien. Y el hotel, ¿está cerca de la playa?

B: Sí, está en la playa, en un sitio muy bonito. Es un hotel de cuatro estrellas, con baño o ducha en todas las habitaciones. Tiene unos servicios excelentes: un restaurante y una cafetería, pistas de tenis, minigolf, una discoteca al aire libre que abre todas las noches. Y si le interesa la vela, hay una escuela de navegación. Es un buen hotel.

A: ¿Y hay algún pueblo próximo?

B: Si, está en las afueras de Heraclion, la capital. Al centro se tarda como cinco minutos andando.

A: Parece interesante.

B: Si le interesa, pase cuanto antes por la agencia. Las plazas son limitadas.

A: Creo que pasaré esta tarde.

B: Muy bien. ¿Me dice su nombre?

A: Ester Alonso.

B: Pregunte por la señorita Sierra.

A: Gracias. Hasta luego.

GRABACIÓN CUARENTA Y CUATRO

A: ¿Qué tal, Ester? ¿Qué tal veraneo has tenido? ¿Has salido fuera?

B: Sí. ¿Recuerdas el anuncio que vimos en el periódico de unas vacaciones en Grecia? Pues allí he estado. Con Rafa y Juan.

A: ¿Y qué tal?

B: No estaba mal, pero la verdad es que no era lo que decía el anuncio. ¡Menuda diferencia!

A: Ya me parecía que era muy barato. ¿Y cómo era el sitio?

B: Era bastante bonito, con la playa muy limpia, un mar muy limpio, muy agradable, y el hotel estaba en la misma playa. Pero vamos, no era de cuatro estrellas, como decía la agencia; como mucho, de una. Era bastante malo. Las habitaciones no tenían baño ni ducha. Y no tenía casi ninguno de los servicios que ofrecían. No tenía tenis. Sólo había un restaurante, y no muy bueno. No había ninguna escuela de navegación.

A: ¿Y discoteca? ¿Me acuerdo que decía que tenía discoteca?

B: Allí no había ninguna discoteca. Y además el pueblo estaba bastante lejos. Cuando salíamos por la noche había que regresar en taxi.

A: ¿Y el viaje?

B: Pues igual de malo. El vuelo no era regular, era charter, y no era directo; hicimos escala en Milán.

A: Ve a protestar a la agencia.

B: No merece la pena. La verdad es que el sitio era precioso, la gente era muy simpática y al fin y al cabo era muy barato. Por ese dinero no se puede pedir más.

UNIDAD 10.

GRABACIÓN CUARENTA Y CINCO

A: Mira, Juan. El periódico trae hoy un *test* de personalidad. Vamos a ver si logro averiguar cómo eres.

C: ¡Ah! Esto me interesa.

A: Primera pregunta. Si encontraras un millón de pesetas en la calle, ¿qué harías? ¿Repartirlo entre gente más pobre, entregarlo en una comisaría o quedártelo?

B: Caramba. Yo creo que me lo quedaría. Soy muy pobre.

A: Ya. Segunda pregunta. Si no tuvieras que trabajar, y tuvieras todo el dinero que quisieras, ¿qué harías? ¿Intentarías aprovechar tiempo y dinero para aprender cosas útiles?

B: ¿Qué cosas útiles?

A: No dice nada, pero supongo que cosas como cocina, mecánica, etcétera.

B: Vale, sigue.

A: ¿Estarías todo el día intentanto divertirte o te dedicarías a viajar por el mundo?

B: Desde luego aprender cosas útiles, no. Yo creo que viajaría.

A: Bien. Siguiente pregunta. Si pudieras convertirte en un animal, y quisieras, claro, ¿en qué animal te gustaría convertirte? ¿Un tigre, una serpiente o un gato?

B: Un gato, no; no me gusta el pescado. Una serpiente, tampoco. ¡Qué asco! Un tigre.

C: Te va mucho.

A: Sigamos. Cuarta pregunta. Si pudieras realizar un deseo, como si fuera la lámpara maravillosa de Aladino, ¿qué deseo pedirías? ¿Encontrar una cura para enfermedades como el cáncer y el SIDA, resolver el problema del hambre en el mundo o hacerte millonario?

B: Pediría resolver el problema del hambre en el mundo. Para mí, es lo más grave.

A: Muy bien. Quinta pregunta.

B: ¿Quedan muchas?

A: No, son sólo ocho. Si pudieras vivir en cualquier parte del mundo, ¿dónde lo harías? ¿En una gran ciudad, en una pequeña aldea o en medio de la selva del Amazonas?

B: Lo tengo claro. En una gran ciudad. Los pueblos son muy aburridos.

A: Sexta. Si tuvieras una máquina del tiempo, ¿a qué época viajarías? ¿A la Edad Media, al siglo XXII o te quedarías en el presente?

B: Yo creo que me quedaría en el presente. Para qué andar moviéndome.

A: La siguiente. Si pudieras elegir tu profesión, ¿qué elegirías? ¿Ser un actor famoso, granjero o médico?

B: Hombre, qué cosas. Pues ser un actor famoso. Menuda vida.

A: Bueno, ésta es la última. Si hubiera una guerra y te llamaran, ¿qué harías? ¿Irías a la guerra, desertarías o fingirías estar enfermo para no ir?

A: Yo creo que desertaría directamente. Me iría a otro país que no estuviera en guerra. No tengo ganas de matar a nadie, ni de que me maten.

GRABACIÓN CUARENTA Y SEIS

B: Bueno, ¿habéis averiguado algo de mi personalidad?

C: Yo creo que sí. Por ejemplo, creo que eres muy egoísta porque te quedarías con el dinero.

A: Tienes algo de altruista, ya que intentarías resolver el hambre en el mundo.

C: Y eres agresivo. Entre el gato, la serpiente y el tigre, has elegido el más feroz, el único que come hombres.

B: Sí. Me encanta comerme niños crudos, y hombres y mujeres.

A: Anda, anda. Bueno, por otro lado eres bastante precavido, y no eres nada aventurero.

B: ¿Y eso?

A: Pues porque te quedarías en el presente, no te quieres arriesgar a viajar ni al pasado ni al futuro. Y tampoco quieres moverte de donde vives, de la gran urbe.

C: Tu respuesta a la pregunta sobre la profesión es también típica. Eres bastante convencional y muy superficial. No te interesa hacer un trabajo serio, sólo exhibirte.

A: Y lo de desertar, no sé si se debe a que eres miedoso y tienes miedo de que te maten, o a sentimientos pacifistas. Porque agresivo, eres agresivo.

B: ¡Cómo me estáis poniendo! Y eso que es sólo un juego.

GRABACIÓN CUARENTA Y SIETE

Uno

Bueno, yo soy andaluz. A nosotros, los catalanes nos parecen que son muy trabajadores, buenos negociantes y cultos, pero muy agarraos*, que no se gastan una peseta así como así. Y los castellanos nos parecen gente muy seria, sin ningún sentido del humor, gente muy adusta, nada divertidos, poco graciosos, *desangelaos,* amos, sin salero ninguno.

* agarrao = tacaño.

Dos

Yo soy castellano. Para nosotros los andaluces son vagos, mentirosos, fuleros les decimos, graciosos, pero en mal sentido, siempre creen que tienen que hacer gracia. Sin embargo, pensamos que los vascos son serios y trabajadores, algo brutos aunque nobles, y en el lado malo un poco fanfarrones.

Tres

Yo soy catalana. A nosotros, en general, los castellanos nos parecen muy rígidos, poco flexibles, y muy dominantes. Es más bien una cuestión política, claro. Pero también nos parecen más provincianos, menos europeos.

Cuatro

Bueno, a los vascos, los valencianos, la gente de Levante en general, nos parecen muy alegres, gente que le gusta divertirse, le gusta la juerga, pero también trabajadores, pacíficos. Los gallegos nos parecen demasiado prudentes, muy callados, no dicen ni sí ni no, si van o vienen. Y yo creo que por eso nos parecen poco de fiar, hay que andarse con cuidado con ellos.

GRABACIÓN CUARENTA Y OCHO

A: Bueno, vamos a ver, Francisco. ¿Qué piensan en México de los españoles? ¿No es verdad que nos llaman gachupines?

B: Bueno, pues sí. Lo de gachupines viene de la independencia, de cuando nuestros héroes dijeron «Mueran los gachupines», que eran los españoles que venían a establecerse a América y que querían hacerse ricos y explotaban a los indios. De ahí ha quedado esa idea del nacionalismo mexicano de rechazo a los españoles por explotadores, por abusivos.

A: ¿Y los argentinos pensáis igual de nosotros, Liliana?

C: No, ¡imposible! En Argentina toda la población procede de otra parte y se han instalado allí para explotar el país. Nadie puede llamar explotador a otro. Nosotros a los españoles los llamamos «gallegos», gallegos, porque hay mucha población procedente de Galicia, pero sin ninguna connotación racista.

A: ¿Pero qué pensáis de los españoles?

C: La idea general es la de un tipo un poco bruto, poco fino, algo torpe, poco refinado. Un tipo algo rústico, de mentalidad cerrada. Yo creo que en España se nota mucho el español que ha tenido experiencia fuera, que salió del país, tocó otra cosa fuera. Es más abierto. El de aquí cree que su país es lo mejor del mundo, ¡y qué carajo ha visto! Por ejemplo, vos, José, sabés qué se piensa en España de los argentinos. Es una opinión propia de gente cerrada.

A: Sí, aquí la mayoría de la gente os considera fanfarrones, que os presentáis como muy cultos, que sabéis de todo. Y muy atrevidos.

C: Pero es así. En general, el argentino es más culto que el español, es más europeo.

B: En México hay muchas opiniones sobre los argentinos, desde las populares que suelen hacer broma de los argentinos como muy sabios, como en España. Yo he tenido la oportunidad de tratarlos y me parece gente muy preocupada por la cultura, gente bien informada, y con un nivel cultural bastante bueno. ¿Y qué piensan ustedes de los mexicanos?

C: Para nosotros, lo mexicano está muy relacionado con lo hispano. Nosotros nos vemos como más europeos y a los mexicanos como más ibéricos, con más raíces hispánicas. Por ejemplo, en Argentina se prohibieron las corridas de toros en 1813. En México, como en España, las corridas de toros están autorizadas. Entonces toda esta cosa violenta y muy machista de las corridas de toros es la idea que tenemos de México. Esa idea del charro, el vaquero típico mexicano con su sombrero de ala ancha y sus pistolas, muy macho, muy hombre. Ésta es la idea general, claro. Yo conozco mejor a los mexicanos y tengo otra opinión. Admiro mucho el respeto tan grande que muestran por las culturas indígenas, por ejemplo.

A: Aquí la mayoría de los españoles sólo conoce México por algunas películas y tiene todavía una idea muy folclórica, de Pancho Villa pero de un Pancho Villa falso. Del charro, también, con el típico sombrero mexicano, que le sirve para dormir la siesta. De un tipo muy bebedor, muy pendenciero, que siempre está buscando pelea. No se conoce a los mexicanos de primera mano. En España, en realidad, entre la gente normal, hay un tremendo desconocimiento de Latinoamérica.

UNIDAD 11.

GRABACIÓN CUARENTA Y NUEVE

A: «Mañana mismo. Estoy deseando.»

B: «Nunca. No estoy loca.»

C: «¡Buf! Dentro de veinticinco años. Cuando sea mayor.»

D: «Dentro de un par de años. Cuando me den el piso.»

E: «En el año 2025. No tengo prisa.»

F: «Bueno, quiero casarme el año que viene. Y creo que mi novio también.»

G: «El próximo siglo. Ya queda poco.»

H: «Por mí, ya. Mañana mismo. Pero no quiere mi novia.»

I: «Pues mire por donde me caso la semana que viene, el próximo miércoles.»

J: «¿Otra vez dice usted? No, gracias.»

K: «¿Yo? Dentro de dos mil años. Cuando me haya tranquilizado.»

GRABACIÓN CINCUENTA

A: ¿Qué vas a hacer estas navidades, Ester? ¿Te quedas en Madrid?

B: Sí; bueno, sólo algunos días.

A: Te vas a aburrir.

B: No creo, lo tengo todo muy bien organizado. Mañana he quedado con Juan. Vamos a cenar a un nuevo restaurante ruso. Y pasado mañana, el martes, voy a la fiesta de la oficina; empieza pronto, pero no se sabe cuándo acaba. El miércoles me voy a Salamanca, a pasar Nochebuena y Navidad con mis padres. Luego, el día 26 me vuelvo a Madrid y ya he quedado para ir al concierto de la Filarmónica de Bratislava por la tarde.

A: ¡Qué maravilla, me encanta la Filarmónica!

B: El 28 me voy a Almería, a casa de unos amigos. En Nochevieja, vamos a hacer una fiesta gigante; han invitado a más de cien personas. Nos lo vamos a pasar en grande. Luego, uno de ellos tiene un barco, un velero, y el día 2 queremos salir hacia Melilla y pasar a Marruecos.

A: ¿Y cuándo vuelves a la oficina?

B: El día 10. He pedido unos días de vacaciones.

A: ¡Qué suerte! Desde luego, no creo que te aburras.

GRABACIÓN CINCUENTA Y UNO

A: ¿Dígame?

B: Yoli. Soy Marta.

A: ¡Marta! ¡Cuánto tiempo? ¿Qué tal estás?

B: Bien. Llevo no sé cuánto tiempo que te quiero llamar, pero siempre surge algo. He tenido que estudiar como una loca este año, pero ya he terminado.

A: ¿Así que ya eres ingeniero, o ingeniera, mejor dicho? Enhorabuena.

B: Gracias, Yoli.

A: Oye, tengo muchas ganas de verte.

B: Por eso te llamaba. A ver si podemos vernos esta semana.

A: Muy bien. Es una semana un poco ajetreada, pero encontraré algún hueco. ¿Por qué no nos vemos mañana?

B: Mañana no, Yoli. Ya he quedado por la tarde con Luisa. Quiere que la acompañe a ver unos muebles y por la noche voy a salir con Juan.

A: Y el martes no puedo yo. Van a venir unos clientes importantes a la oficina y tendremos que trabajar hasta tarde.

B: ¿El miércoles por la tarde? Podemos tomar algo en...

A: No. El miércoles por la tarde tengo gimnasio y no puedo faltar. Tengo que adelgazar, que llega el verano y no me van a dejar entrar en la playa.

B: ¿Y el jueves?

A: Pues sí, el jueves es perfecto. Podemos quedar para comer.

B: Estupendo. ¿Conoces un restaurante italiano, La Fontana, que está en Argüelles?

A: Sí, y me encanta...

GRABACIÓN CINCUENTA Y DOS

A: Bueno, y ahora que ya eres ingeniera, ¿qué vas a hacer?

B: Pues mira, de momento, tomarme unas buenas vacaciones. Creo que voy a pasar un mes de descanso en Santander, en casa de mis padres, y luego voy a hacer un buen viaje.

A: ¿Dónde vas a ir?

B: En julio quiero visitar a unos amigos franceses que viven en la Bretaña. Estaré con ellos un par de semanas.

A: ¡Qué maravilla! ¡Cuánto me gustaría visitar la Bretaña!

B: Sí, es una región encantadora. Y luego, en agosto, probablemente me iré a los países escandinavos con unos compañeros de carrera. Queremos ir de Dinamarca a Finlandia.

A: Y luego a buscar trabajo.

B: No estoy segura. Voy a pedir una beca para ampliar estudios en Alemania. Claro que si no me la dan, tendré que buscar trabajo.

A: ¿Qué tal está la situación?

B: Ya sabes que siempre quieren gente con experiencia, y si no la tienes no te dan trabajo, y si no trabajas no adquieres experiencia. De manera que aunque hay trabajo no es fácil conseguir el primer empleo.

A: Ya, lo de siempre.

GRABACIÓN CINCUENTA Y TRES

A: Isabel, tú que eres ecologista, hoy viene un *test* sobre el futuro de la Tierra.

B: ¡Ah! Eso son tonterías.

A: Ya, pero en algo tenemos que entretenernos. Tú que piensas, ¿crees que dentro de cincuenta años nos vamos a quedar sin ningún tipo de energía, ni petróleo, ni carbón, ni gas, ni nada?

B: Al ritmo actual es casi seguro. Y si aumenta el número de coches en Latinoamérica y África, entonces es prácticamente seguro.

A: Yo creo que ya inventaremos algo. No creo que se agoten los recursos.

B: Ya, tú tan optimista como siempre.

A: Oye, ¿y qué piensas sobre la población? ¿Crees que la Tierra estará superpoblada en el año 2050?

B: No estoy segura. Es posible que lo esté. Desde luego más habitantes habrá.

A: Sí, yo también creo que habrá más habitantes, pero más repartidos. No creo que se dé una superpoblación. Además, creo que es muy posible que haya grandes guerras. Pues Estados Unidos y Europa tendrán que luchar para ver quién manda en Latinoamérica y en África. Y China y Japón no se van a quedar quietos. ¿Tú, qué piensas?

B: Estoy de acuerdo contigo. Creo que hay posibilidades de que haya algún tipo de guerra, y con muchos muertos, ¡eh!, con muchos muertos. El hombre es un lobo para el hombre. Y desgraciadamente también para los animales. Estoy absolutamente segura de que en los próximos veinte o treinta años van a desaparecer muchas especies animales. Las ballenas, por ejemplo.

A: Ahí estoy totalmente de acuerdo contigo. Y además me parece posible que haya hasta cambios en el clima. Tengo la impresión de que ahora los inviernos son más suaves.

B: Yo diría que los cambios climáticos son casi seguros. Sobre todo cuando destruyan gran parte de la selva del Amazonas.

A: ¿Tú crees que eso es posible?

B: Estoy segura. Es una gran reserva de recursos. Y dentro de unos años, cuando no puedan sacarlos de otra parte, ¿dónde irán a buscarlos? Al Amazonas.

A: No va a ser fácil destruirlo. La selva tiene mucha fuerza.

B: El hombre destruye todo lo que se ponga a su paso. Mira el sur de España. Se está desertizando a una velocidad tremenda. Estoy casi segura de que dentro de cincuenta años el sur de Europa será como el norte de África. Ya verás.

A: No creo que lo vea, pero desgraciadamente es posible que sea

así. Y de enfermedades, ¿crees que el SIDA y enfermedades parecidas estarán extendidas por todo el mundo?

B: No, no, no, no. No lo creo. Dentro de muy poco encóntrarán una solución para el SIDA. Aunque aparezcan enfermedades nuevas, encontrarán curas.

A: Sí, yo tampoco creo que eso sea un problema en el futuro. Bueno, pasamos a la ciencia ficción. ¿Tú crees que por fin llegarán extraterrestres a la Tierra?

B: No sé, no sé, pero me parece poco posible. Si no, ya habrían llegado.

A: Yo no creo que lleguen nunca. Ni tampoco creo que vayamos a vivir a otros planetas. No parecen especialmente bonitos.

B: Yo tampoco lo creo. Realmente, las condiciones de la Tierra son excepcionales. Por eso me da tanta rabia que estemos destruyendo algo que puede ser único en el universo.

UNIDAD 12.

GRABACIÓN CINCUENTA Y CUATRO

Uno

A: ¿Cuándo naciste?

B: ¿El año?

A: No, el mes.

B: En octubre.

A: ¿De verdad? ¡Qué casualidad! Yo también.

Dos

A: El concierto de la Orquesta Nacional me pareció extraordinario.

B: Lo siento, pero no estoy de acuerdo. A mí me pareció más bien malo. Yo creo que Albéniz requiere otro ritmo.

Tres

A: Oye, Luis. Me parece que no voy a poder acompañarte a cenar. No tengo ni un duro.

B: Yo tengo bastante para los dos. No te preocupes.

A: Gracias. A ver si encuentro empleo.

Cuatro

A: La verdad es que no me gustó nada la última película de Almodóvar.

B: A mí tampoco, sinceramente.

Cinco

A: Mi marido es fantástico. Me ayuda mucho en casa.

B: ¡Qué suerte! El mío no hace nada.

A: El mío hasta plancha.

B: ¿De verdad?

Seis

A: Yo creo que deberían quitar el servicio militar.

B: Estoy totalmente de acuerdo. No aprendes nada. Estás todo el día limpiando cosas que no se utilizan. Y no te quiero decir si nos atacase alguien. ¡Tendríamos que pedir ayuda!

GRABACIÓN CINCUENTA Y CINCO

A: Vamos a ver si somos compatibles. Una de las cosas que más me gusta es dormir.

B: A mí también, aunque suelo dormir poco. Pero gustarme, gustarme, me gusta.

A: Bien. ¿Y comer? ¿Te gusta comer bien?

B: Hombre, naturalmente, aunque me conformo con cualquier cosa.

A: Ah, yo no. A mí me gustan las comidas como Dios manda, nada de preparados rápidos. Y no me importa cocinar, ¡eh!

B: A mí sí. Si hay que trabajar mucho para comer, se me quita el hambre.

A: ¿Y la casa? ¿Te gusta tener la casa limpia y ordenada?

B: Eso sí. La casa me gusta muy limpia.

A: ¿Y qué tal se te da limpiar?

B: ¿A mí? Fatal. ¿Por qué no pasamos a otro tema? A ver. ¿Qué manías tienes?

A: No tengo muchas. Creo que sólo tengo una.

B: ¿Ah? ¿Cuál?

A: Me gusta leer en la cama todas las noches un poquito.

B: Bueno, pero eso no parece muy problemático, aunque a mí me gusta meterme en la cama y quedarme dormido al instante.

A: Y a ver, ¿cuáles son tus manías?

B: Yo tengo que echarme la siesta todas las tardes. Pues, lo necesito. Y si no estoy de muy mal humor.

A: Pues yo odio la siesta.

B: Mira, más vale que lo dejemos. No sea que acabemos regañando.

A: Espera, espera. Una última pregunta. ¿Te gusta ver el fútbol en la televisión?

B: Sólo si es un partido muy importante.

A: ¡Ah! Menos mal. Para mí un hombre al que le gustara ver el fútbol en televisión sería totalmente incompatible.

B: Menos mal.

GRABACIÓN CINCUENTA Y SEIS

A: Muy buenas tardes desde Peñaranda de Duero, punto de llegada a nuestro país de los primeros extraterrestres. La excitación en el pueblo es grande. Son varios los habitantes de Peñaranda que afirman haberlos visto: un pastor de la localidad, Agapito del Val, el policía municipal, Eusebio de las Heras, y la molinera, Teodora Rojo. En general coinciden en sus descripciones, aunque también hay diferencias. Nuestro equipo ha conseguido para ustedes las declaraciones en exclusiva de dos de los testigos.

B: Tenemos aquí con nosotros a Teodora Rojo. Buenos días, Teodora.

C: Buenos días.

B: Nos gustaría que les contase a nuestros oyentes lo que ha visto.

C: Bueno, pues iba yo al molino, que está un poco retirado del pueblo, cuando vi una cosa redonda, muy grande, en el aire que iba bajando muy lentamente hacia el suelo, y levantando mucho polvo. Yo me quedé quieta, escondida detrás de un árbol, y al poco rato se abrió una puerta del platillo ése y bajaron tres personas.

B: ¿Puede describirlas?

C: Pues eran muy bajitos, de aspecto normal, no tenían cuatro ojos ni dos cabezas ni nada así; eran normales. Bueno, normales del todo tampoco. Porque a mí me pareció que no llevaban nada de ropa, que iban desnudos, como animales, aunque no se notaba si eran hombres o mujeres, usted me entiende.

B: Perfectamente, Teodora. ¿Y se dirigieron a usted?

C: Pues sí. Aunque yo estaba escondida detrás de un árbol, se dieron cuenta rápidamente, se acercaron y empezaron a hablarme.

B: ¿Pudo entender algo?

C: Nada. A mí aquello me sonaba como a inglés. Yo no sé nada de inglés, pero a veces vienen turistas por aquí, y a mí me pareció que hablaban como los turistas. Cuando vieron que no les entendía se dieron media vuelta, se subieron al platillo y se marcharon. Me parecieron muy educados.

B: Muchas gracias por su colaboración, Teodora. También tenemos aquí a otro peñarandino que ha podido incluso hablar con los extraterrestres. ¿No es así, D. Eusebio?

D: Pues sí, señor. Hablar, lo que se dice hablar, no he hablado, pero yo entendí qué querían.

B: Bien, vayamos al principio. ¿Cómo vio a estos seres de otro planeta?

D: Vi una gran humareda al este del pueblo y decidí ir a investigar, por si era un fuego. Y cuando llegué allí me encontré con dos platillos volantes y cuatro «marcianos», como yo los llamo.

B: ¿Y cómo eran?

D: Eran muy altos, por lo menos dos metros y medio, muy grandes, y a mí me pareció que tenían tres ojos, uno en el centro de la frente y otros dos como nosotros, y que tenían más de cinco dedos en cada mano. Eran unas manos muy raras.

B: Y la piel, ¿era de algún color diferente?

D: Eran verdes, y llevaban unos trajes plateados, como en el cine.

B: ¿Y cómo se comunicó usted con ellos?

D: Bueno, ¿cómo se dice cuando no hace falta que se diga nada, pero entiende uno todo?

B: Telepatía.

D: Eso es. Bueno, pues hablamos por telepatía. Me preguntaron dónde estaban y yo les dije que en España, en Burgos. Me dieron las gracias y se subieron a los platillos y se fueron. Y eso es todo.

B: Muchas gracias por su amabilidad, D. Eusebio. Por cierto, ¿cómo va el turismo por Peñaranda?

D: Regular. Estos últimos años no han sido buenos. Espero que ahora, con la aparición de extraterrestres por aquí, empiecen a venir más. Vamos a construir unas naves de madera y se podrá visitar la zona donde aterrizaron los «marcianos». Va a estar muy bonito.

GRABACIÓN CINCUENTA Y SIETE

Bien, en primer plano hay un chico y una chica haciendo autostop. El chico tiene el pelo corto y lleva gafas. Va con una camiseta y vaqueros; ella está sentada sobre una bolsa, tiene el pelo largo y va con camiseta y pantalones cortos. Se ve un cartel a un lado de la carretera que indica «A Barcelona, doscientos veintisiete». Están esperando junto a una gasolinera; «Buen Viaje», se llama. Hay un empleado, una bomba de gasolina súper y otra de normal. En la carretera hay un coche, matrícula de Granada cuatro tres uno cinco, AB, conducido por una mujer. Al fondo, a la izquierda, hay un cartel grande anunciando un hotel de Zaragoza, «El Pilar». En el cielo no hay nada, ni nubes ni pájaros. Al fondo, a la derecha, se ve un pueblo. Se ven algunas casas y la torre de la iglesia. Tiene un reloj; la hora parece algo así como las tres y veinticinco.

UNIDAD 13.

GRABACIÓN CINCUENTA Y OCHO

Uno
A: ¿Qué va a ser hoy?
B: Hoy voy a probar el 3, pizza y ensalada.
A: Marchando.

Dos
A: ¿Qué van a tomar?
B: ¿Qué tienen de primero?
A: Gazpacho, muy fresco, judías verdes con aceite y vinagre o con mayonesa, o también puedo traerle una ensalada mixta.

Tres
A: Buenas tardes. Queríamos el menú del día. ¿Qué tienen de primero?
B: Les puedo dar unos espárragos blancos riquísimos, con mayonesa; unos entremeses especiales, o si quiere algo caliente, una sopa de verduras muy buena.
A: Para mí la sopa.

Cuatro
A: ¿Qué tienes de fruta?
B: Hay melocotones, melón y sandía
A: Entonces, filete, ensalada y melón.

Cinco
A: Vamos a ver, ¿quién de ustedes había pedido las chuletas?
B: Yo, por favor.
A: ¿Y los pimientos?
B: Aquí, por favor.

Seis
A: ¿Qué váis a tomar de segundo?
B: La pescadilla será congelada. Yo voy a tomar el pollo.
C: Yo también.
A: Entonces yo voy a probar el filete empanado.

GRABACIÓN CINCUENTA Y NUEVE

Uno
A: Buenos días. ¿Ha visto ya la carta?
B: Sí. De primero... ¿Las alcachofas son frescas o de lata?
A: No, no, son frescas.
B: Bien, entonces tráigame las alcachofas salteadas.
A: ¿Y de segundo?
B: Pues, no sé si pedir carne o pescado. ¿La merluza es fresca o congelada?
A: Es congelada. La fresca está demasiado cara. De pescado fresco tenemos los calamares en su tinta, salmón, y luego, el bacalao es el normal salado.
B: No, creo que voy a comer carne. Tráigame el solomillo.
A: ¿Le gusta poco hecho?
B: Sí, no muy hecho, que no quede muy seco.
A: Perfectamente. ¿Y para beber?
B: Tráigame vino tinto, el vino de la casa.
A: Muy bien. Ahora mismo le traigo el vino.

Dos
A: Buenos días. ¿Han visto ya qué quieren?
B: Sí, a mí me va a traer la menestra de verduras de primero y luego yo creo que bacalao, que aquí lo hacen muy bien.
A: ¿Lo quiere con tomate o rebozado?
B: Con tomate; está más jugoso.
A: ¿Y usted, señorita?
C: No sé. No me gustan las verduras.
A: Un consomé de ave, con un poquito de oporto.
C: No, creo que voy a pedir el revuelto de gambas.
A: Muy bien. ¿Y después?
C: No sé si el pollo asado o las chuletas de cordero.
A: Las chuletas son pequeñas, sabrosísimas.
C: No, voy a pedir lo mismo que ..., bacalao con tomate.
B: ¿Podemos pedir ya el postre?
A: Por supuesto.
B: Yo voy a probar el arroz con leche. ¿Tú qué quieres, Lola?
C: Ya sabes, fresas con nata. Me encantan.
A: Para beber, ¿qué les traigo?
C: Vino, un vino blanco fresquito.
A: Ahora mismo se lo traigo.

GRABACIÓN SESENTA

B: El otro día probé la paella. Es un plato muy rico.

A: Y es uno de nuestros platos más típicos. Por cierto, yo no tengo ni idea de la cocina peruana ni de la mexicana. ¿Qué platos típicos tenéis?

B: En Perú, el cebiche es muy típico de la costa. Consiste en pescado crudo con cebolla, aliñado con limón o con naranja agria. Es muy sabroso. Y también son típicas las papas a la huancaína.

A: ¿Y en qué consisten?

B: Bueno, son papas, patatas como ustedes dicen, cocidas y con una salsa de queso y ají amarillo y adornado con hojas de lechuga, cebolla, rodajas de huevo duro y aceitunas. Y es sabroso.

A: ¡Qué hambre! Oye, ¿y en México?

C: Bueno, pues el taco es una de las comidas más típicas de México. La base es la tortilla de maíz, y luego, pues, usted puede hacer tacos de diferentes formas, ya sea rellenando la tortilla con diferentes comidas, como de frijoles, o queso. Y también si lo calienta y lo dobla, se llama quesadilla. Le puede poner nopales también.

A: Y, ¿qué es eso? ¿Qué son los nopales?

C: Bueno, pues es un fruto de un árbol que se llama nopal. Se corta cuando está tierno y se cuece con un pedazo de cebolla y cilantro. Me parece que aquí lo llaman higo chumbo o algo así.

A: Entonces, ¿el nopal es el higo chumbo?

C: Bueno, pues me parece que sí. Luego también otro plato muy típico mexicano es el guacamole. Es como una especie de ensalada. Tiene dentro de sus ingredientes aguacate, cebolla, jitomate, un poco de chile, chile verde, a veces cilantro, con sal, todos los ingredientes se pican y se integran. Y va acompañado siempre con tortillas.

A: ¡Qué ganas de probarlo! A mí me encantan las ensaladas con aguacate. Y vosotras, además de la paella, ¿habéis probado algún otro típico plato español? ¿Habéis probado, por ejemplo, el cocido?

B: No, lo he oído mencionar pero no sé en qué consiste.

A: Es un plato muy completo y muy consistente. Primero lleva una sopa de fideos y luego es un plato abundante con garbanzos, repollo, carne de vaca con hueso, gallina, chorizo, morcilla y jamón. Es bastante fuerte. Y es muy popular en Madrid.

C: ¡Ay, qué rico! Tengo que probarlo.

A: Otro plato que tenéis que probar... a mí me gusta mucho y además también es muy típico, por lo menos de la zona de donde yo soy, La Mancha, es el pisto.

B: ¿Y cómo es eso?

A: Es muy simple. Los ingredientes son cebolla, pimiento, tomate y calabacín, y se hace sofriendo todo revuelto.

C: Bueno, pues a ver cuándo nos invitas; tengo ganas de probarlo.

A: Pues nada, cuando queráis.

UNIDAD 14.

GRABACIÓN SESENTA Y UNO

Uno

A: Y entramos a partir de hoy en la fase final. Vamos a la primera pregunta en la que me tendrá que decir nombres, en treinta segundos, de periódicos y revistas que se editen actualmente en nuestro país. ¿Preparada?

B: Preparada.

A: ¡Tiempo!

B: El País, Tiempo, Hola, Diario 16, ...

Dos

Buen tiempo en todo el País Vasco, cielos despejados en las tres capitales vascas y temperaturas agradables: 18 en Bilbao, 17 en San Sebastián y 11 en Vitoria.

Tres

Esta mañana se celebró la Milla Urbana Internacional de Madrid con la participación de quince atletas, entre los que se encontraban el marroquí Said Auita. Al final la victoria ha sido para...

Cuatro

Una oyente de Pamplona me pregunta si sus hijos van a tener problemas en el trabajo. El Tarot dice que a la larga no tendrán ningún problema, aunque puede que...

Cinco

«En Superdescuento, lleve tres, pague dos. Así de sencillo, así de práctico, así de económico. Polo de niño de seis a dieciséis años, seiscientas noventa y cinco pesetas. Lleve tres, pague dos. Superdescuento.»

Seis

Muy buenas tardes, señoras y señores. Es la una de la tarde. Éste es el avance informativo de las noticias más destacadas del día: El portavoz parlamentario del Partido Popular, Rodrigo Rato, ha solicitado esta mañana en El Escorial la dimisión del ministro del Interior...

Siete

A: Yo creo que, en líneas generales, el gobierno está actuando bien.

B: Por favor, si es un auténtico desastre.

C: Estoy de acuerdo contigo. Si interviene es para estropear algo, pero positivo no hace nada.

Ocho

Cambio de servicio. Sirve Higueras. Buen resto de MacAndrew. Higueras devuelve una pelota corta, pero llega MacAndrew. Higueras está en la red, pero MacAndrew lanza un globo y... no va a llegar Higueras, no va a llegar...

GRABACIÓN SESENTA Y DOS

A: Les adelantamos las noticias más destacadas de este 2 de mayo:

B: 39.000 muertos reconocidos de manera oficial; más de 200.000

según fuentes oficiosas, 50.000 desaparecidos y 7 millones de personas sin hogar es el balance provisional del desastre provocado por el huracán que ha asolado la región sureste de Bangladesh.

A: El Partido Popular presenta su plan de viviendas; promete reducir los impuestos y elevar la duración mínima de los alquileres hasta los tres años. El presidente del Partido Popular denuncia que el programa electoral socialista de 1982 ya prometía la construcción de 400.000 viviendas.

B: El fiscal Alfredo Flores aumenta a tres el número de posibles delitos cometidos por Juan Guerra; se trata de los delitos de amenazas, delito fiscal y prevaricación.

A: Los padres de la niña secuestrada y asesinada en Huelva rechazan la violencia y piden que cesen los intentos de linchamiento contra el presunto autor de su muerte; por su parte, el director de la cárcel de Badajoz ha confirmado esta mañana el ingreso en este centro penitenciario del presunto asesino por razones de seguridad.

B: Finaliza en Lanzarote la séptima cumbre hispano-alemana; Helmut Kohl y Felipe González aseguran que para finales de año la unión europea será una realidad.

A: El jefe de las tropas aliadas en Europa, general John Galvin, anuncia en Palma de Mallorca la próxima creación de una flota permanente de la OTAN en el Mediterráneo.

B: Según el director de la Organización Panamericana de Salud, serían necesarios doscientos mil millones de dólares, veinte billones de pesetas, para erradicar la epidemia de cólera que se extiende por Suramérica.

A: El ciclista belga Patrick Robeet abandona la Vuelta Ciclista a España tras sufrir una caída en la etapa de hoy.

GRABACIÓN SESENTA Y TRES

A: Tal vez el drama de Bangladesh nos pille lejos, a miles de kilómetros. Les vamos a acercar a este país fronterizo con la India, tres veces menor que España en extensión y que cuenta sin embargo con el triple de habitantes.—María Riquelme.

B: Al sureste de Asia se encuentra un pequeño país en extensión, pero uno de los más densamente poblados del mundo. Su gran tragedia: la pobreza. Su gran castigo: el azote climatológico. Un país que ya conoce muy bien las desgracias. En 1970 fue víctima de otro ciclón que se llevó la vida de aproximadamente cien mil personas. Y por si fuera poco, Bangladesh tuvo que soportar un año después, en 1971, la represión paquistaní que se saldó con un millón de muertos, y aún tiene que ver cómo miles y miles de personas emigran a la India huyendo de la miseria. La esperanza de vida al nacer es de 50 años, y la mortalidad infantil es del 123 por 1.000, cuando en España, por poner un ejemplo, es tan sólo del 13 por 1.000.

A: Bien, pues sobre este desgraciado país ha vuelto a caer otra gran desgracia. Un devastador ciclón ha dejado un rastro desolador. Hasta el momento el gobierno ha reconocido, oficialmente, la muerte de treinta y nueve mil personas, aunque en las últimas horas el ministro de Asuntos Exteriores, Seifur Rajman, ha admitido la posibilidad de que se hayan producido más de doscientas mil víctimas mortales mientras que el número de desaparecidos supera los cincuenta mil. Otros siete millones de habitantes se habrían quedado sin hogar. Durante diez largas horas los habitantes de la zona costera del país, las aldeas pesqueras y ciudades de la costa de la Bahía de Bengala, quedaron a merced de vientos huracanados de más de doscientos cincuenta kilómetros por hora. Hace falta mucho dinero para hacer frente a esta catástrofe, un dinero que Bangladesh no tiene, de ahí el dramático llamamiento lanzado al mundo por la Primera Ministra. La Comunidad Económica Europea y Japón han sido los primeros países en reaccionar al dramático llamamiento de ayuda internacional y ya han anunciado el envío de ayuda económica por valor conjunto de catorce millones de dólares, aunque, según el ministro de Asuntos Exteriores de Bangladesh, se necesitaría un billón de dólares, unos cien mil millones de pesetas, para devolver a la normalidad a los millones de personas afectadas.

A: Regresamos a nuestro país. En Madrid se está celebrando una conferencia para analizar las condiciones de salud en Centroamérica. La epidemia de cólera surgida en Perú ha sido el asunto en el que más se ha insistido. Las autoridades sanitarias americanas trabajan ya sobre la hipótesis más terrible: que la epidemia se propagará por todo el continente, porque los países más afectados no tienen el dinero necesario para frenarla y la ayuda internacional no es suficiente.—Aurora Rodríguez.

C: La epidemia de cólera afecta ya a más de ciento setenta mil personas. Ha dejado un rastro de mil doscientos muertos y se ha extendido a seis países. Además de Perú se han detectado casos en Brasil, Ecuador, Colombia, Chile, e incluso en Estados Unidos. Su avance parece incontenible. Según Guerra de Macedo, director de la Organización Panamericana de la Salud, las condiciones de vida hacen poco probable que se pueda contener la enfermedad. La única solución: doscientos mil millones de dólares, algo más de veinte billones de pesetas, la cantidad necesaria para dotar a los países más pobres del continente latinoamericano de infraestructura sanitaria y servicios de salud.

A: Cuarta etapa de la Vuelta Ciclista a España, que viaja por tierras andaluzas. Conexión con uno de nuestros enviados especiales.

D: «Buenas tardes. Un cordial saludo desde la ruta en esta etapa de la Vuelta 91 que se desarrolla entre las localidades de Sevilla-Expo 92 y la localidad de Jaén. Hay que destacar que un corredor, Jesús Cruz Martín, que ha sido campeón de España en tres ocasiones, marcha escapado sin que nadie reaccione. Jesús Cruz Martín se halla ya próximo a la ciudad de Córdoba, y su ventaja con respecto al pelotón, que marcha tranquilo, casi se aproxima a los veinte minutos, unos quince kilómetros. Se le ve fresco y cada vez está más cerca del sueño de poder conseguir la victoria en Jaén. Y eso es todo; despedimos la conexión por el momento.»

GRABACIÓN SESENTA Y CUATRO

Son las ocho y veintisiete minutos de la mañana, las siete y veintisiete en Canarias. Tiempo para conocer cómo se van a presentar hoy los cielos en España. Y comenzamos por la Comunidad Autónoma Gallega. Tiempo veraniego con algunas nubes en las rías bajas y nieblas en Santiago. En el resto de Galicia luce el sol. Las temperaturas oscilan entre los 15 grados de Lugo y los 18 de El Ferrol. En Asturias los cielos están despejados y luce el sol. En Oviedo 18 grados de temperatura y en Gijón y Avilés, 19. En Cantabria, cielos totalmente despejados, 18 grados de temperatura en la capital, Santander. Buen tiempo en todo el País Vasco, cielos despejados en las tres capitales vascas y temperaturas agradables: 18 en Bilbao, 17 en San Sebastián y 11 en Vitoria. En la Comunidad de Navarra, cielo totalmente despejado, temperaturas en ascenso; en Pamplona capital, 17 grados. En la Comunidad Autónoma de la Rioja, una temperatura de 17 grados y cielos totalmente despejados. Domingo soleado en Cataluña, 23 grados en Barcelona, 24 en Tarragona, 17 en Girona y 19 en Lleida. La previsión habla de sol, poco viento y temperaturas máximas entre 30 y 33 grados.

Cielos poco nubosos o despejados en las nueve provincias castellano-leonesas. Temperaturas en aumento que a esta hora de la mañana se sitúan en torno a los 18 grados. En la región aragonesa, poco nuboso o despejado. Temperaturas en ascenso. Riesgo de tormentas a última hora de la tarde. Los termómetros: Zaragoza 22, Huesca 19 y Teruel 17. En la Comunidad Autónoma de Madrid el cielo estará casi despejado por la mañana, aumentando la nubosidad por la tarde. La temperatura en la capital es de 25 grados. Sin información de Castilla-La Mancha. En la Comunidad Valenciana, cielos despejados y temperaturas en ligero ascenso. Valencia registra 25 grados, Alicante 27 y Castellón 23. Sin información de Murcia. En Extremadura temperatura agradable, 17 grados en estos momentos y cielos bastante cubiertos. En cuanto al tiempo en Andalucía, cielos poco nubosos, aunque con brumas matinales en las zonas del interior. Las temperaturas han descendido con respecto a los últimos días. En las Islas Baleares, despejado o casi despejado. Brisas en el litoral. Las temperaturas en ascenso. Y acabamos con las Islas Canarias. Intervalos nubosos en el norte y despejado en el sur. Temperaturas sin cambios. Pasa casi un minuto de las ocho y media de la mañana.

SOLUCIONES

UNIDAD 1.

1: Ajedrez.

2: ii) 1 b, 2 c, 3 e, 4 d, 5 a.

3: i) 1. Juan Carlos I; 2. Pablo Neruda; 3. Montserrat Caballé.

4: i) 1. Pablo Picasso; 2. Marilyn Monroe.

UNIDAD 2.

1: Nombre - Alberto; apellidos - López García; nombre del padre - Juan; nombre de la madre - Isabel; lugar de nacimiento - Móstoles (Madrid); fecha de nacimiento - 15 de febrero de 1974; ocupación - estudiante; estado civil - soltero; dirección - Viriato 71.

4: i) pelo - largo, rizado, blanco, cola de caballo, corto, rubio, moreno, liso, castaño;
ojos - grandes, verdes, azules, castaños;
nariz - aguileña, chata;
estatura - alto, bajo;
constitución - esbelto, fuerte, delgado, gordo, corpulento;
otros rasgos - bigote, barba, lunar.

4: ii) a. pelo largo; b. pelo rizado; c. bigote; d. barba; e. ojos grandes; f. cola de caballo; g. pelo blanco; h. nariz chata; i. nariz aguileña.

5: 1. alto, fuerte, rubio, ojos azules; 2. gordo, pelo blanco; 3. ojos, tipo, alta, esbelta; 4. pelo, castaño, corto, ojos, negro, barba, bigote; 5. gordita, pelo rubio rizado, nariz pequeña; 6. pelo largo, alto, bajo, delgado.

6: i) hombre - camisa, traje, corbata, cazadora;
unisex - pantalones, jersey, chaqueta, playeras, vaqueros, camiseta, zapatillas deportivas;
mujer - blusa, traje chaqueta, vestido, falda, zapatos de tacón, bolso.

6: iii)

7: 1 c; 2 a; 3 c; 4 b.

UNIDAD 3.

2: 1. Incorrecto, 576 43 31; 2. Incorrecto, 435 69 89; 3. Correcto; 4. Incorrecto, 429 02 02.

3: ii) 1. b; 2. a; 3. b; 4. a; 5. b; 6. b.

4: ii) 1. Sale 9.30; Llega 14.30. 2. Abre 9.00, Cierra 18.00. 3. Comienza 22.45; Acaba 0.50. 4. Abre 20.30; Cierra 23.30.

5: 1. b; 2. a; 3. a; 4. b; 5. a; 6. a.

6: 1. 140; 2. 32.500 y 22.790; 3. 15.600; 4. 1.350.000.

UNIDAD 4.

1: i) 1 d; 2 e; 3 b; 4 h; 5 a; 6 g; 7 f; 8 c

2: i) portería - fútbol; guantes - boxeo; directo - boxeo; servicio - tenis; volea - tenis; raqueta - tenis; red - tenis; listón - salto de altura; combate - boxeo; cinturón negro - kárate, judo; mariposa - natación; asalto - boxeo; braza - natación; florete - esgrima; penalti - fútbol; puntos - boxeo; muerte súbita - tenis; abandono - boxeo.

3: a. cine; b. conciertos; c. teatro; d. carreras de caballos; e. corridas de toros; f. exposiciones; g. viajes; h. restaurantes.

6: 1a, 2a, 3a, 4b, 5b, 6b, 7b, 8b.

UNIDAD 5.

1: 1 Cuba, 2 República Dominicana, 3 Puerto Rico, 4 México, 5 Guatemala, 6 El Salvador, 7 Honduras, 8 Nicaragua, 9 Costa Rica, 10 Panamá, 11 Colombia, 12 Venezuela, 13 Ecuador, 14 Perú, 15 Bolivia, 16 Paraguay, 17 Chile, 18 Argentina, 19 Uruguay.

2: Argentina, Chile, Uruguay, Brasil, Perú, Venezuela, Colombia, Ecuador, Panamá, Costa Rica, Guatemala, México, Cuba, Puerto Rico.

3: 1a, 2b, 3b, 4b, 5c, 6c, 7c, 8b, 9b, 10c.

UNIDAD 6.

1: ii) 1. o; 2. j; 3. d; 4. p; 5. q; 6. c.

2: 1 Irlanda, 2 Escocia, 3 Gales, 4 Inglaterra, 5 Dinamarca, 6 Alemania, 7 Holanda, 8 Bélgica, 9 Luxemburgo, 10 Francia, 11 Checoslovaquia, 12 Hungría, 13 Yugoslavia, 14 Austria, 15 Italia, 16 Suiza, 17 España, 18 Portugal.

5: 1. En el norte; 2. Cinco: Toledo, Ciudad Real, Albacete, Cuenca, Guadalajara; 3. Cataluña; 4. Oviedo; 5. En el Atlántico; 6. País Vasco, Navarra, Aragón y Cataluña; 7. A Castilla y León; 8. Sevilla; 9. La Rioja; 10. Cáceres y Badajoz.

UNIDAD 7.

1: 1. Guerra de Las Malvinas entre Gran Bretaña y Argentina, 1982; 2. Final de la guerra irano-iraquí, 1988; 3. Celebración de los Juegos Olímpicos en Los Ángeles sin la participación de los países socialistas, 1984; 4. Ingreso de España y Portugal en la Comunidad Económica Europea, 1986; 5. Caída del muro de Berlín y unificación de las dos Alemanias, 1990; 6. Guerra del Golfo entre Irak y una coalición internacional, 1991; 7. Llegada de Gorbachov al poder en la URSS e inicio de la «perestroika», 1985.

3: i) 1 C; 2 A; 3 B

3: ii) 1 a; 2 a; 3 b.

4: i) Rafa - 1b, 2a, 3b, 4b. Marisa - 1a, 2b, 3a, 4a.

4: ii) 1b, 2a, 3a, 4a.

5: ii) 1b, 2c, 3b, 4b, 5a, 6b, 7c, 8a, 9c, 10a.

UNIDAD 8.

1: i)   1e; 2a; 3b; 4d; 5c.

1: ii)   Coger: coge, coja, coged, cojan.
Poner: pon, ponga, poned, pongan.
Ir: ve, vaya, id, vayan.
Torcer: tuerce, tuerza, torced, tuerzan.
Cortar: corta, corte, cortad, corten.

2: i)   1d; 2c; 3f; 4b; 5e; 6a.

3: i)   patatas, cebollas, huevos, sal, aceite.

3: ii)   c, g, j, h, b, k, e, l, i, a, f.

4: i)   suba, cruce, tuerza a la derecha, tuerza a la izquierda, baje.

4: ii) y **4: iii)**   Ver en el mapa.

6: i)   f, c, b, d, a, e.

UNIDAD 9.

1: i) a. En Nueva York; b. 7 noches; c. 222.300; d. Todos los días del 1 de abril al 30 de junio; e. Cuatro; f. Ciudades medievales de la antigua URSS; g. Sí; h. El visado; i. 16 y 23 de junio; j. Desde Madrid y Barcelona; k. Sí, en Tenerife y Lanzarote; l. 15 días; m. Tres estrellas; n. A.D. = Alojamiento y Desayuno; M.P. = Media Pensión; P.C. = Pensión Completa; o. Italia, Austria, Francia, Países Bajos; p. En autocar o avión; q. Alojamiento y Desayuno; r. Media Pensión y Alojamiento y Desayuno.

1: ii) d; b; a; c.

UNIDAD 10.

1: 1h; 2i; 3a; 4d; 5j; 6g 7k; 8f; 9e; 10b; 11c.

2: ii) 1c, 2c, 3a, 4b, 5a, 6c, 7a, 8b.

4: ii) 1. A los españoles; 2. Explotador; 3. Un español; 4. Torpe; 5. El vaquero mexicano; 6. Que está siempre buscando pelea.

UNIDAD 11.

1: i) 8, 1, 4, 7, 6, 2, 3, 5.

ii) dentro de, 3 veces; próximo/a, 2 veces; que viene, 2 veces.

2: i) 8, 3, 2, 7, 1, 5, 4, 9, 6.

4: verdadero, falso, falso, falso, falso.

5: ii) Isabel: 2, 3, 3, 1, 1, 1, 2, 6, 5, 6 = 30 puntos.
Javier: 6, 3, 3, 1, 3, 5, 3, 6, 6, 6 = 42 puntos.

UNIDAD 12.

1: 1. I; 2. D; 3. D; 4. I; 5. D; 6. I.

3: 1. Agapito del Val, una, dos, medio metro, sin pelo - piel verdosa, color plateado, desconocido. 2. Teodora Rojo, una, tres, muy bajitos, normal, desnudos, ¿inglés? 3. Eusebio de las Heras, dos, cuatro, dos metros y medio, tres ojos - más de cinco dedos en cada mano - verdes, trajes plateados, telepatía.

UNIDAD 13.

1: ii) 1 B; 2 A; 3 C; 4 B; 5 C; 6 A.

3: i) peruano: papas a la huancaína; mexicano: tacos; español: cocido.

UNIDAD 14.

1: i) 1. Concurso; 2. Información meteorológica; 3. Información deportiva; 4. Consultorio; 5. Anuncios; 6. Informativos; 7. Tertulia; 8. Retransmisiones deportivas.

2: i) 1. A, E, O; 2. B; 3. C, H, K; 4. D, J; 5. F; 6. G; 7. I, L; 8. M; 9. N.

2: ii) A, E, O; B; C, H, K; D, J; I, L.

3: 1. A b , B c, C b, D b, E c F b; 2 b, B b, C a, D c; 3.